教出影響未來的孩子

幸福嘉義市教育核心素養

朱乙真、陳書孜——著

目錄

擁有創造未來、改變世界的力量

黃敏惠　嘉義市市長

很多人稱呼我「教育市長」，正是因為我來自教育界，始終相信教育的巨大力量；我知道教育的根扎得愈早，就愈深、愈緊，孩子的未來就愈有希望。在一上任我就把教育當成施政發展主軸，投入許多資源在推動教育政策上。

常常有人問我：「教育工作不能立竿見影，這樣做真的值得嗎？會不會很辛苦？」也有同仁提醒：「市長，沒有人這麼笨，第一任就編這麼多教育預算給沒有選票的學生，這樣不太討喜……」可是有句話說得好：「窮不能窮教育，苦不能苦孩子。」對於培育國家未來人才這等大事，竭盡所能投注更多心力與資源，都是值得的。

經過這麼多年，嘉義市的教育能量早已不斷累積，市民們也都十分肯定我們關心下一代教育的做法

與努力。從這些回饋和肯定，以及每次到學校，看到孩子們純真、幸福的燦爛笑臉，都帶給我不斷前進與努力的能量，讓我堅信：在教育投入這麼多資源是最正確的決定。

讓每個孩子盡情發揮所長

嘉義市不大，對許多人來說或許是一種執政劣勢，但我卻一點都不這麼認為。尤其在教育發展上，正因為腹地不大、學校不多，反而給了我們更多創新教育的空間和彈性。

我們不以追求特別突出的「明星學校」為目標，而是希望每個學校根據「人文第一、科技相佐、精緻創新、國際視野」綱領四大願景，善用地方資源發展出各自特色，便能自帶光芒，成為獨一無二的學校，也讓父母能依照孩子的興趣和特質，幫孩子找到最適合的一所學校，盡情發展所長、積累滿滿帶著走的能力，使嘉義市的每一個孩子，都能夠成為世界所需的未來人才。

本書細細爬梳嘉義市這些年在教育上的努力績效，分享我們的經驗和果實，也希望讓新生代的孩子們知道，在變化快速的世界潮流中，只要有堅定的態度和信念，找到自己存在的價值，不怕失敗的KANO精神，在正能量與善循環中努力、放心做好自己，每個人都可以擁有創造未來、改變世界的力量！

序

五星級的教育成果

李錫津　嘉義市市政顧問

曾任美國芝加哥大學心理學系主任的米哈里・契克森米哈伊（Mihaly Csikszentmihalyi），在《創造力》（*Creativity*）中提到：「人類基因的成分，有九八%與猩猩相同，而我們與猩猩有別者……，是因為個人的才情，諸如語言、創造力等，受到肯定與獎勵，並經由學習而傳承的結果。」要之，「肯定與獎勵」、「學習而傳承」的系統運作，就是我們熟悉的教育，是人類文明發展遙遙領先其他動物的關鍵，也是人類創造未來、改變世界的動力。

教育人出身的黃敏惠市長，最能把握教育的精義、最能看重教育善巧的力量，她帶領的市府團隊，如今，已打造出五星級的教育成果！

《教出影響未來的孩子》提供我們端詳的機會。綜觀該書，由專業的編撰團隊，用心蒐集豐富的資

料，再經幾十小時的深度訪談，才彙整成一個個可讀性高，又貼切詳實的教育故事。全書讀來逸趣橫生，令人欲罷不能，真是應了《愛麗絲夢遊仙境》（*Alice's Adventures in Wonderland*）作者路易斯・卡羅（Lewis Carroll）所提，「說故事是一種送禮行為」的妙喻。

一窺嘉義市的教育成果與精采歷程

黃市長帶著團隊，將士用命、夜以繼日、細針密縫，創造了令人驚豔的教育成果，而編撰團隊蒐集事實、用心鋪陳、感性敘說，也令人感佩。如進一步參照歐用生「故事即課程」、「課程即故事」的引述，我們已然在「故事中閱讀」，在「閱讀中享受故事」，輕鬆了解嘉義市教育成果的精華。

在書中，我們也感受到黃市長的治理高度、施政格局和「觀念是行動最高指導原則」的堅持。在教育運作上，看她不時分享觀念、闡述價值，納為城市發展的酵母，催生潛移默化的力量，比如：「人文第一、科技相佐、精緻創新、國際視野」的教育發展綱領四大願景，就令人印象深刻。她也一直用心打造豐富多元，充滿正向刺激能量的學習平台，好讓孩子們更能自由自在的翻滾、探索，找到自己、發展自己、自信的做好自己，比如：發掘城市獨特的歷史文化，形成主題故事，律定了「陳澄波日」、「諸羅春分天文日」、「嘉義市棒球日」，做為城市懷舊深耕、永續發展的感人元素……，至若一連串教育事蹟的豐富情節，就有請各位看官撥冗賜讀了！

各自閃爍獨特的亮光

渡也　詩人

嘉義市小而美，面積小，人口少，然而，很美。

嘉義市的確美好，建設、景觀、市容、交通、醫療、文化、經濟、特產、飲食等方方面面，有口皆碑。此外，教育也非常美好、完善。教育也是嘉義市的好風景，頗值得觀賞，足為遊客觀光、觀摩的重點。這種說法固屬奇特，然確實如此。

黃敏惠市長三度當選嘉義市長，執政將近十三年期間，一直以「人文第一」為施政主軸。「人文」包羅廣泛，黃市長特將「教育」列為優先，別出心裁，思維迥異於其他縣市，堪稱獨具「惠」眼。教育界出身的她深知教育是一國之根基，也是一市之根基，是嘉義市的百年大計。念茲在茲，歷經十三載殫精竭慮，經之營之，果然！嘉義市教育成績、表現在多次全國民調中脫穎而出，屢屢獲得嘉義市

與其他縣市人民高度肯定。

此書所呈現嘉義市政府教育處及各國小、國中的教學構想、策略、課程、活動，各色各樣，琳琅滿目，令人歎為觀止。以「一校一特色」政策的實踐而言，順手拈來，崇文國小的音樂、蘭潭國小的天文、林森國小的森鐵走讀、興安國小的食育、僑平國小的科技、民族國小的少棒、大同國小的美育與農場等特色，再者，玉山國中「探索玉山」、南興國中「自然探索」、大業國中「實驗教育」、北興國中「興敬自然」等重點，可見嘉義市每一所學校都會發光，各自閃爍獨特的亮光，光鮮亮麗，爭奇鬥豔，宛如絢美燦爛的風景，照亮嘉雲南地區的天空，照亮台灣的天空。

觀賞各校用心、用愛發展的特色，不難發現其中存在著一些共通性，如創意、跨領域、生活化、實用性。北園國小種稻、文雅國小越野、大同國小種菜、港坪國小生態、玉山國中向山學習、南興國中生命體驗、北興國中生活科技等，既富有創意思考，多元學習，也是日常生活中實用的能力。學生可以從這些課程學習課本之外的另類知識和技能。此外，古今教育家常提倡的知行合一與學以致用，亦為上述課程共通的優點。

經過以上爬梳與分析，我終於恍然大悟，原來，各校長期戮力執行、推廣諸多意義非凡的課程或活動，實非興之所至任意為之，而是教育處長期循序安排，精心規劃的。黃市長任內針對教育所思所言所行者，絕非雜亂無章或各不相干，相反的，乃具有整體性、系統性，各亮點彼此相關，環環相扣。

原來，一切的安排都是最好的安排。

楔子

深耕教育，讓嘉義市變得不一樣

二〇二二年暑假第一天，教育部拋出震撼彈，預測一一一到一二六學年度（二〇二二到二〇三七年）各教育階段學生數受到少子化影響，從國民教育到高等教育全都直直落。教育部統計，全台國小一〇〇學年度學生人數為一四五萬七千人，到了一一〇學年度只剩下一一一萬九千人，也就是說，二〇一一到二〇二一年的十年間，台灣減少了三三萬八千個國小學生；未來十六年間，國小生人數將以平均每年兩萬多人的速度蒸發，愈來愈多國小等不到新生，全台甚至有多所僅一人入學的小學。

在這個最慘澹的教育年代中，面積僅有六十平方公里，人口數在全台二十二縣市中排名第十八的嘉義市，卻逆風高飛，呈現截然不同的風景。

時間回到二〇二二年四月中。完成一一一學年度國小一年級新生入學登記後，嘉義市政府教育處長林立生接受媒體採訪時表示：「今年嘉義市小學一年級將增加十六班。」

少子化海嘯襲擊，嘉義市理應比起其他縣市衝擊更大。危機四伏中，嘉義市怎麼辦到的？

把危機變成祝福，壓力轉換成動力

師大國文系畢業、台北中山女高國文老師十多年的經驗，讓黃敏惠二〇〇五年第一次就任嘉義市市長後，便堅信城市的永續發展，人才培育首當其衝，「只要做好教育，自然就有競爭力，」她說。

為了打造嘉義市的教育力，黃敏惠在教育編列最多預算、延攬同為教育人的李錫津擔任副市長，訂定「人文第一、科技相佐、精緻創新、國際視野」的教育發展綱領四大願景。

「人文第一」彰顯人性價值的總和體，表現在人與人之間的應對進退、互動談吐與表情動作間的氣質及印象，希望嘉義市孩子不管遇到什麼情況，都能保持友善關懷的心，做出良善的選擇。「科技相佐」希望學生在日常生活中有科學思考能力，並學以致用，同時呼應人文第一，將彰顯人性價值的科學思考擺在第一位。「精緻創新」意指透過提供學生體驗參與、互助合作的學習來做到教育的精緻與創新，並結合生活、時事、時代變遷，發揮創意。「國際視野」則是從學校教育讓嘉義市孩子具備國際觀，提升國際參與和跨國競賽實力，培養尊重與包容的跨文化價值，接軌世界。

二〇一八年黃敏惠「回嘉」再度入主市府，繼續拚教育。她請來國家教育研究院出身的林立生擔任教育處處長，活化教育、打造「五心政策」教育品牌，宣示要成就每個嘉義市孩子的未來。

「五心」取台語「有心」的諧音，包括：

大心（台語的「**貼心**」）：編列兩億六七二萬元預算在校園內裝設冷氣，成為全台首創「班班有冷氣」的縣市。**用心**：打造全台第一個設置在公立學校內的探索體驗園區，落實共融教育、體育平權。**安心**：在校園落實食育教育使孩子吃得安心、智慧學生證「嘉e卡」讓家長放心、補足師資延長代理教師聘期，令第一線老師暖心。**開心**：推動美感教育、落實科技教育、精緻閱讀教育、扎根英語教育，打造優質學習環境，讓孩子在快樂學習環境中開闊視野。**動心**：透過科學168、日環食、童軍大露營、大隊接力全國賽及諸羅山盃少棒賽等活動，提供嘉義市學生展能舞台、發揮教育能量。

邁向新的里程碑

二〇一九年八月，一〇八課綱上路，啟動台灣教育走向全新階段，嘉義市教育也邁向新的里程碑，首開全台先河，成立為落實一〇八課綱為目的的專案辦公室。

林立生解釋，一〇八課綱專案辦公室以新課綱為核心，整合輔導團、校長及教師專業發展中心，引導各校新課綱進程、確立各校教育方向及展現本位特色，甚至在二〇二〇年推出「望向山林」陳澄波美學教育市定課程，開啟全台各地方縣市深化一〇八課綱課程的關鍵大門。

從中央看地方，教育部十二年國教新課綱推動專案辦公室執行秘書洪詠善認為，教育的推動很容易

就多頭馬車、各自為政，而嘉義市一〇八課綱專案辦公室剛好可以擔任中央和地方間「轉譯」角色，整合協調中央資源、政策後，再規劃地方校長和老師的專業、培力、增能，事半功倍。

二〇二〇年，嘉義市進一步提出「教育 111 政策」，邁向教育4.0。

第一個「1」是一校一特色，聚焦專業資源，成就一個學校一個亮點，使校校有亮點，生生有舞台可以表現。第二個「1」是一生一專長，提供多元教育環境，使每個嘉義市學生得到適性關懷，興趣得以開展，擁有專長，具備一輩子帶著走的能力。第三個「1」是在嘉義市各國中小及場館一年種一千棵樹的承諾，實踐植樹護樹的教育理念，符合聯合國永續發展目標 SDGs 第十五項：保育陸域生態（Life on Land），讓嘉義市學生為生態保育、守護地球盡一己之力。

一步一腳印，嘉義市教育基礎逐漸穩固，逐年累積出豐碩的教育成果。

二〇二二年五月，《遠見雜誌》縣市長施政滿意度調查結果出爐，黃敏惠首次以八〇．七%的滿意度，成為「五星市長」，包括教育在內的八大面向滿意度，都是全國前段班。

嘉義市教育圖像是一個米圖騰，蘊含著讓學校營造優質教育，形成培育學生多元展能、適性發展的沃土，以孕育飽滿的稻穗及豐滿的米粒。米粒中的胚芽代表幼兒教育，強化幼托整合服務；胚乳代表十二年國民基本教育，希望深化基礎教育學力；米糠則是終身教育，透過社區大學活化終身學習。

播下一顆種在深耕教育土壤的種子，面積小小的嘉義市，正在發揮大大的能量；教育的力量，讓嘉義市變得很不一樣。

第一章

找到適性發展的方向

天賦及熱情的定錨，是每個人的人生議題，
讓孩子發現、發揮天賦，
則是教育中關鍵且重要的大事。

關注每個孩子的不同才能、適性揚才，是當前全球教育的主流思潮；台灣亦如是。國際知名創新、創造力與人類潛能專家肯．羅賓森（Ken Robinson）在他的《讓天賦自由》（*The Element*）書中提到：當你發現自己的天命——從事自己熱愛又擅長的工作，才可能覺得活出真實的自我，成為你理想中的樣子。

肯．羅賓森認為，當「喜歡做的事」和「擅長做的事」能夠相互結合，不只讓人獲得成就感，更是為了使人類社群與組織在不斷演進的世界中永續發展。

教育部部長潘文忠也曾經說過：「教育應該要開創出不同的發展機會，讓每個孩子都成為最好的自己。」

二〇一九年，一〇八新課綱正式上路，雖然曾經讓家長與老師們都「霧煞煞」，搞不清楚與舊課綱的差別，以及對教育現場，甚至考試制度的影響，但這三年摸索下來，大家逐漸感受到一〇八課綱真正的意涵，是讓台灣教育從過去強調學生學習「知識」與「能力」，轉變成重視學習「態度」，培養「素養」。

實務上，一〇八課綱也降低了必修學分，增加更多選修課程，在課程規劃上強調彈性，並提供更多讓孩子自主探索的機會。「成就每一個孩子」、「讓孩子成為最好的自己」便成為教育現場最需要落實的層面。

理想是為了通往美好境界所勾勒出來的藍圖，但具體實踐還是必須依靠決策管理單位（地方教育局

處）與落實決策單位（各級學校）的相互合作。

實踐創新做法的城市

來看看嘉義市怎麼做。

或許你會好奇，為什麼是嘉義市？

嘉義市，面積約六十平方公里，與新北市比起來，新北是嘉義市的三十四倍之大，台北市則比嘉義市大了將近五倍。從人口數來看，嘉義市人口約二十七萬人，在全台二十二縣市中，排名第十八位。

雖然小，嘉義市卻是台灣第一個建城的城市，一六六一年鄭成功在台擊敗荷蘭人，建立台灣首度的漢人政權，設有一府（承天府）兩縣（天興縣、萬年縣），其中嘉義市即隸屬天興縣。

受到歷史演進影響，加上早期嘉義市木業經濟蓬勃發展，就業人口眾多，醫療需求大，醫療資源特別豐富，醫院特別多，早期嘉義市公明路還有著「醫生街」的別稱，嘉義高中更坐擁「醫科搖籃」的美名。

在文化活動上，嘉義市也有極為亮麗的表現。日本時期，嘉義市就有「畫都」之稱號，代表人物陳澄波更是台灣美術史上的重要人物。嘉義市政府為了紀念他對家鄉的熱愛與藝術成就，更從二〇一二年起，將每年二月二日，也就是他的生日，定為「陳澄波日」。

擁有豐富文化藝術底蘊的嘉義市，在公共參與上也有積極表現。早期地方派系強大，不畏政黨力量，為了地方建設勇於挑戰強權，素有「民主聖地」之稱。

在這樣一座小而精緻，又充滿開放態度、接受先進潮流思想的城市中，實踐創新理念與政策，是再好不過了；而地方小、居民少的特色，也讓政策的核心價值能被順利溝通下去，進而取得共識，累積成果與經驗。

為孩子養一片學習的沃土

曾任高中國文教師十多年的「勇媽」黃敏惠，第三次入主嘉義市政府後，延續前兩任時期對教育的著墨，提出嘉義市版本的「教育111」政策，其中兩大重點「一校一特色、一生一專長」，可說是超前部署，與一〇八課綱精神不謀而合，鼓勵嘉義市每一所學校、每一位學生，都能擺脫過去傳授（學習）知識與能力的框架，透過自主彈性的探索過程，挖掘聚焦專業的教育特色（核心素養），讓校校有亮點、生生有舞台。

而從學校做起，打造多元學習環境與開放的態度，每一位孩子才能在其中得到適性關懷，興趣得以開展，專長逐漸成形，在日後的人生中更能勇敢逐夢，打造專屬於自己的幸福人生。

熱情是學習的根本，小小的興趣也許會成為改變人生的關鍵。

黃敏惠在市長辦公室裡，翻著一張張自己和嘉義市孩子們在南台灣豔陽下的開心合照，露出勇媽專屬的溫柔笑容，說：「我們不知道現在為孩子種下的小小種子，能否引發他的小小興趣、會在未來的什麼時刻發芽，但我相信，在這個過程中，每一位孩子必能活出自己最想要的樣子。」

一校一特色，營造場域獨特性

發揮創意、激盪靈感，
每一所學校都能找到專屬於自己的亮點。

趕在一一一學年度國中登記前，嘉義市市長黃敏惠在「勇媽阿惠——黃敏惠」臉書粉絲專頁上，貼了一段十二分鐘長的影片，畫面色調溫潤柔美，配上媽媽溫柔慈愛語氣的旁白，一一推銷嘉義市八所國中，貼文一出，立刻吸引一千多人次按讚。

「嘉義市的國中，有我美麗的母校嘉義國中、『時時是課程、處處是課程』的北興國中、師生一同登玉山的玉山國中、轉型朝向嘉義第一所實驗學校邁進的大業國中、嘉義市排球中心的北園國中、豐富社團活動的民生國中、有行進管樂班與探索園區的南興國中，還有美術班和自造中心的蘭潭國中，」細數每一所學校特色的黃敏惠，從語氣中可以感受出來手心手背都是肉的愛意，她沒有漏掉轄區內任

何一間國中。

「很多人會問我，」黃敏惠繼續說：「市長，哪一所學校比較好呢？」

「我都回答，」露出酒窩的黃敏惠微笑著說：「嘉義市每一所學校都各有特色。你可以來看看，會發現嘉義市小小的，但教育的力量卻能帶給你大大的感動。」

嘉義市沒有明星學校。不只是八所國中，二十所小學亦然。

「嘉義市的學校不比升學率，」嘉義市政府教育處處長林立生說：「我們比的是哪間學校的特色，最能鼓舞和喚醒孩子的特質，讓他們發揮潛能、找到自己的舞台。」

「做出每個學校的特色」這個理想並不容易實踐。嘉義市怎麼辦到的？

對嘉義市每間學校的亮點如數家珍的黃敏惠說：「腹地小的嘉義市，從校園所在地的人文歷史、地理或自然環境出發，融入『人文第一、科技相佐、精緻創新、國際視野』的教育願景，替每間學校找到亮點。」

老天爺給的優勢

譬如鄰近阿里山林業鐵路的林森國小，一九三九年創校時，便是為了給林業從業子弟就讀。直到今日，校園中仍可見到鐵道，學生晨昏也會聽到林鐵的汽笛聲，校訂課程「認識百年的阿里山林業鐵路」

特別有歷史和地理意義。

林森國小特色課程規劃從「閱見森鐵」開始，接著是「走讀森鐵」，給學生直接探索體驗的機會，包括到奮起湖老街訪問耆老、體驗道班工鐵軌枕木更換作業，坐著森鐵體驗沿途人文風光，進而產生公民意識及社會責任感，主動關注森林保育、爭取將森鐵列為世界遺產的行動。孩子們四處連署簽名，連阿里山林鐵處都承諾會將路線養護好，期待在林森國小學生的努力下，有朝一日阿里山林鐵可以躍上國際。

此外，坐落於玉山山腳下的嘉義市，還有著全台唯一一間以「玉山」為校名的中學——玉山國中。玉山國中以帶領學生走向山林和玉山實際連結為使命，訂定「玉見名山」校本課程，「探索玉山」為課程主軸，每個年級都有目標：一年級到玉山登山口塔塔加麟趾山、二年級抵達玉山前峰、三年級登上玉山主峰。為落實大自然教室的理念，課程與各領域教學結合，設計植物辨識、高山沸點實驗、高山血氧濃度檢測、大氣壓力觀察、星象課程、旗語教學……，讓所學貼近生活。

至於位於嘉義市郊的北園國小，鄰近灌溉稻田的主要水源牛稠溪，加上校園周圍圍繞著翠綠廣闊的稻田，以跨領域為核心理念，訂定結合田園藝術與人文教學、環保、生活體驗及生命教育，發展藝術與生態特色教學的校本課程。

孩子隨著時節體驗耕作，插秧體驗學到「退後原來是向前」；收割時學習稻穗的謙卑，收割後更在田裡舉辦「稻香音樂祭」，以天地為幕席，在田中舞台表演太鼓、扯鈴、直笛、陶笛……，現場還設

北園國小舉辦「稻香音樂祭」，讓孩子在田中舞台表演陶笛，與在地建立起更深的連結。

有茶席，由茶藝社學生擔任司茶人及茶侶，稻香佐以茶香，讓孩子對自身環境更有感。

從社區找特色

別以為只有得天獨厚的環境有助於找亮點，在市區的學校，則發揮創意從社區找特色。

譬如嘉義市南門圓環旁的民族國小，學區內有「嘉義市廚房」東市場，學校利用社區資源，引導孩子找出傳統市場的競爭優勢、改造傳統東市場。學校特色課程以南門城美學新文藝復興，討論傳統市場轉型面臨的公民議題；高年級學生以科技資訊進行專題式（PBL）行動學習，討論東市場的食安及空氣汙染公民議題，進行新公民運動，成為嘉義市小學生公民參與的代表作。

至於二〇一五年將食育教育納入校本課程的興安國小，又是不一樣的特色。校方利用孩子在學校求學的六年時間中，希望能塑造他們的飲食品味。規劃知食（了解食物）、產食（小農夫學種菜）、惜食（不浪費食物）、佳食（烹飪課）、享食（飲食禮儀教育）六個階段，更在二〇二〇年進一步朝向深度美學發展。興安國小的食育教育社群除了自訂一到六年級十二套食育教案，在學校中應用，更發展出一套涵蓋低、中、高年級的食育教材，供全台國小使用。

港坪國小則發揮校園獨特環境優勢，建構一所「都市裡的環境生態小學」，校門前的小溪是生態教育最佳場域，港坪牧場的小羊舍是最好的生命教育，校園後側的蝴蝶園負責復育鳳蝶類蝴蝶，學生不

只觀察蝴蝶，還要當稱職的「蝴蝶保母」，並以蝴蝶課程為基石，討論生活中的環境問題。

至於位在嘉義市中心的北興國中，特色課程「興敬自然」，是將戶外探索融入環境教育和山野教育，從關懷嘉義在地環境為出發點，以校園鄰近的檜河、蘭潭筍寮步道為踏查場域，走出教室的學習引燃學生對自然與人文的熱情，提高對在地文化與環境的關注；課程中也帶學生攀登塔塔加進行黑暗體驗，運用五感的體驗式學習，建立創造力、批判性思考、問題解決、溝通表達與團隊合作的5C關鍵能力。

以核心素養為亮點

不僅向外找靈感，從培養孩子們核心素養的過程中，也能型塑出學校亮點。

百年老校大同國小，是嘉義市唯一一所設有美術藝才班的小學，利用學校豐富的藝術領域資源，將「大同三美」訂為校訂課程，強調沉浸式的美感教育；更以美術館概念美化校園，校園中大型裝置藝術、師生共同創作的作品隨處可見，多元的駐校藝術家課程將音樂、表演、美術跨領域結合成為必修的美感養成課。

至於嘉義市南端的南興國中，則從音樂活動出發。二〇一一年創立純銅管為主的管樂班，成為嘉義市行進管樂代表，在嘉義市國際管樂節擔任地主隊，提供學生表演的舞台。

民族國小利用社區資源，引導孩子以科技資訊進行專題式行動學習，討論東市場的空氣汙染公民議題。

南興國中還有全台少有的公立學校探索體驗校區，讓每一個嘉義市的學生都有機會體驗戶外探索教育；一大片原生種楊桃樹是生命教育的墊腳石，透過自然觀察，使正值青春期的國中生找到自己與校園、家園與土地，進而與這個世界的連結，最後再回歸到自我生命經驗的理解。

至於僑平國小，於二〇一七年設置僑平創客學院，以「科技領航、僑平智造」為校本課程，發展結合資訊、藝文、自然、生活科技、語文、綜合等領域的STEAM跨領域課程，有七間科學與科技主題教室讓學生可以在玩AR、VR、製作投石器中學習科學原理，實踐「做中學」。

嘉義市東區山仔頂坡地上的蘭潭國小，以普及的天文教育及自動化天文台，成為雲嘉南地區推廣天文教育的重要基地，被稱為「嘉義市最接近星空的小學」。校本課程以包括天文教育發展在內的自然領域教學為主，讓天文變得有趣、生活化、富感情，引發孩子的好奇心與想像力。蘭潭國小也利用四季星象和天文變化舉辦星空Party，開放給對天文有興趣的學生及民眾參與，由校內學生擔任解說員，是最好的學習成果展。

發展特色強化招生優勢

利用在教育現場找到各校亮點，發展一校一特色的策略，嘉義市奮力對抗少子化威脅的衝擊。「沒有特色，我們就創造特色；遇到瓶頸，我們就轉型、突破困境，」林立生說。

比方，曾經是嘉義市學生人數最多的大業國中。

時任嘉義大學校長的嘉義大學終身特聘教授艾群觀察，位在嘉義市東區巷弄內的大業國中，受到少子化影響，招生陷入瓶頸，學生人數近年急劇下降，一一〇學年度入學新生只有四班、九十六名學生，和一〇〇學年度全校三十九班、一二八五名學生的規模相距甚遠。

「大業國中當時教師出走潮也十分明顯，」艾群回想第一次到大業國中時，發現學校氛圍低迷，學生學習動機不強，「要維持原有的傳統教學系統架構，勢必出現挑戰，實在不可能原地踏步。」

二〇一九年，教育處和艾群率領的師資團隊締結合作協定，二〇二〇年研擬並推動學校型態實驗教育辦法，確定大業國中轉型成為嘉義市首間公辦公營實驗教育學校，透過特色課程翻轉傳統體質，讓大業國中從既有的傳統教學架構中跳脫出全新思維。

轉型後的大業國中將以STEAM（科學、技術、工程、藝術、數學）跨學科教育，及以外語教科學、地理、歷史、藝術的CLIL（Content and Language Integrated Learning）雙語國際課程的主題式教學，跨出第一步。

大業實驗國中預計一一二學年度開始招收四班共八十名新生，學制打破上、下學期，分為春夏秋冬四季開課，強調探索思考，並導入IB（International Baccalaureate）國際文憑精神；一一五學年度開始招收高中部，讓實驗教育成為跨國高中六年一貫課程，孩子可以真正成為學習的主人。

看著嘉義市的各級學校，對外關注環境發揮創意，向內激盪靈感營造特色，各自努力找到學校亮

點，為孩子們創造適合學習的場域與課程，黃敏惠十分感動，她回想當年求學時長輩總說：「學生最重要的本分就是認真讀書，考個好學校。」現在自己當了媽媽、也當過十多年的老師，才了解「教育」最重要的力量，是營造適性發展的場域，讓每個孩子找到最適合的學校，發揮潛力，走出自己的路。

「歡迎大家來嘉讀冊，」笑起來眼睛像月牙般彎彎的黃敏惠，張開雙臂溫柔的這麼說。

一生一專長，從學習中找亮點

當我們給孩子一點點，
孩子會用他們的生命去放大。

二〇二二年一月，特斯拉（Tesla）創辦人伊隆・馬斯克（Elon Musk）旗下的太空探索公司SpaceX，發射了一百五十顆低軌道衛星上太空，其中一顆微型衛星應用了台灣新創公司張量科技（Tensor Tech）研發、小如網球的球型馬達。

將台灣太空產業帶入劃時代領域的張量科技創辦人，是來自嘉義市、今年二十二歲的顏伯勳；而這顆小馬達最初的靈感，來自於他在僑平國小時的暑假作業。

「我當年連續做了兩年馬達，」坐在台北市的工作室裡，留著長髮、蓄鬍的顏伯勳，想起當時，記憶依然鮮明。

其實第一年想做的是馬達遙控車，可惜電流不夠，汽車動不了，成了遙控電燈；隔年馬達雖然動了，卻因為太小顆、電路太重，車子還是不能動。顏伯勳哈哈大笑說：「這次變成一坨可以遙控轉動的馬達。」

「我滿感謝當時僑平國小的老師們，願意給我空間亂玩、亂試……」顏伯勳笑著回憶，也許當初老師一眼就看出來問題出在哪，卻不會點破，而是讓他組裝、拆解、解決問題，「我後來發現，這樣的探索過程，對我影響很大。」

夢想自己實現

僑平國小的畢業紀念冊，顏伯勳留下一張帶著黑人捲髮，擺出搞笑姿勢的照片，不難想像他是個不按牌理出牌、古靈精怪的學生。

喜歡動手做的顏伯勳，高年級參加僑平國小的科學研究社，主要是因為每次社團課都有各種有趣的實驗，他還曾經用冰棒棍做成一個可以走路的機器人。

而在這每一次的嘗試中，顏伯勳愈來愈清楚自己對電機，尤其是馬達的熱愛。

二〇一八年，他和夥伴李尚融一起得到美國英特爾（Intel）國際科技展覽會（Intel ISEF）工程學科第二名，保送台大電機系後，卻休學成立張量科技，就是為了專心投入球型馬達的研發。

「自己的夢想，要靠自己實現，」二〇二一年師鐸獎得主、北興國中科技老師楊心淵總這樣告訴學生。而顏伯勳從小學在學校裡發現自己的潛能、夢想，開始一路追尋，應該是最好的例子。

培養更多「顏伯勳」

為了讓嘉義市更多的「顏伯勳」都能找到自己的興趣和舞台，嘉義市政府教育處科技教育推動小組有一個「K-12科技大聯盟計畫」，在北興、蘭潭、玉山三所國中成立自造教育及科技中心，領銜進行科技領航實驗課程，其中一〇五至一〇七學年科技中心建置便是由楊心淵負責，他目前也協助嘉義市科技教育總體計畫的規劃與執行諮詢。

楊心淵說，K-12科技大聯盟從縱向往下扎根到幼兒園，往上與高中職結盟；橫向則是打破學科框架，除了科技外，也做跨領域整合。希望跨年段、跨領域，能激發更多孩子的興趣。

K-12科技大聯盟朝菁英教育、普及教育雙軌進行。菁英教育針對像顏伯勳這樣特別有潛能的孩子，以PBL專題式導向，邀請國小高年級到高中職學生混齡、跨域學習，希望透過真實情境與多元專題的課程，幫助孩子發展興趣愛好。

普及教育則以「一校一創課、一生一作品」為目標，「創課」一語雙關，不只是創「客」的maker，更重要的是「創課」的課程，希望能讓嘉義市每個學校都至少發展一個能在全年級實施的科技教育創

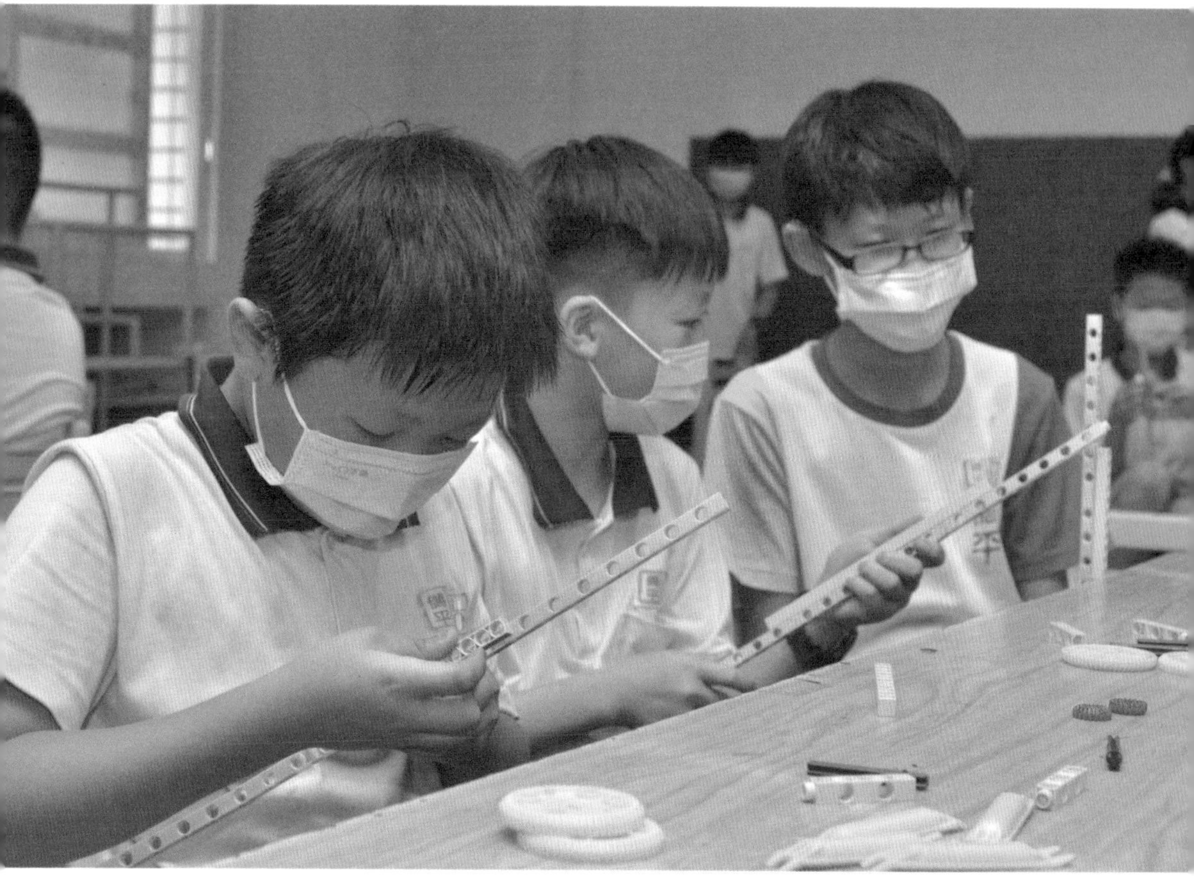

小學階段最重要的任務是讓孩子有機會廣泛性探索，老師扮演啟蒙者的角色，幫學生找到喜歡或擅長的事物。

課課程，每個學生也都能在畢業前完成一個和科技創課相關的作品。

當這樣的理想在教學現場落實，楊心淵坦言：「的確會有挑戰……，但只要老師有想要幫忙學生找到『喜歡』或是『擅長』的夢想，便有努力的方向。」

楊心淵曾經遇到一個經常蹺課的學生，某一次上完他的資訊課後，竟然開始每週準時出現，原來這位叛逆的國中生發現楊心淵的資訊課和其他課程不一樣，上課就像玩線上遊戲一樣，透過任務闖關學習，每次闖關成功都能得到滿滿的成就感。

「有了成就感，就有了動機，課堂上時常聽到孩子『耶』的歡呼聲，我就知道他又成功闖了一關，而且他在資訊課上的表現超越半數同學，令我刮目相看。可惜的是，」楊心淵搖搖頭說：「這孩子只有電腦課準時上課，其他課還是繼續蹺。」

「沒有不肯學習的孩子，只有還沒找到方法的老師，因材施教的適性教育真的很重要！」楊心淵從此投入差異化教學，學習進度轉換為任務關卡，學生面對的不是「教學單元」而是「挑戰」，想要闖關成功？那就得具備某些老師指定的先備知識。

課堂風景因而完全改變：青春期國中生愛聽不聽的情況消失了，為了完成任務關卡，學生們會主動翻書、問老師、找答案；每個人依照自己的能力，進度或快或慢，和自己比賽，等到學期末，有的人全部完成，有的只完成三分之一的挑戰。

楊心淵說，單一教學的教學模式，遇到最大教學瓶頸是超前和落後的學生總是被犧牲，身為老師卻

心有餘而力不足，「而適性化教學讓我很確定每個孩子的每一步歷程，都是扎扎實實的學到東西。」

從專長中找到努力目標

「適性發展這個題目，二十年前從來沒有人認為會是教育主流，」僑平國小校長何憲昌從幼兒園開始就在嘉義市長大、求學，畢業後先到新北市任教六年，再回到嘉義市服務至今。

他觀察，小學階段一個班級裡只有三分之一的學生能夠一直朝學術發展，念到碩士、博士，最後變成專家學者，「但社會上大部分需要的是各種不同專業能力的人才，該如何讓孩子找到適性發展的方向？」

何憲昌認為，小學階段最重要的任務是讓孩子有機會廣泛性探索，老師扮演啟蒙者的角色，幫學生找到喜歡或擅長的事物。

這樣的想法正是一〇八課綱發展學生多元社團的目標，而這也是嘉義市政府教育處一直以來努力的方向。

近年來，教育處鼓勵各校利用彈性課程開設多元社團，每週一堂課，以學期為單位，三到六年級都可以嘗試各種不同社團。多元探索，孩子便有機會在有興趣的領域中找到亮點，被自己，也被其他人看見。

僑平國小最受學生歡迎的田徑隊，就因此讓許多孩子發亮。

僑平國小二〇二二年應屆畢業生賴仕偉，來自弱勢家庭，學業成績不出色，所以嚴重缺乏自信心，走路總是頭低低的。五年級時加入田徑社團，每次的社團課，還有晨練、午休、課後練習，賴仕偉從來不缺席，什麼運動都願意嘗試，而且耐力十足。

僑平國小田徑社團指導老師鄭秀燕記得，教練們花了一些時間幫賴仕偉找出他擅長的田徑領域，「仕偉跑也跑不快、跳也跳不高，什麼都不太突出，但就是喜歡運動……，我告訴他，知道自己喜歡什麼最重要，我們一起試試看！」

於是，鄭秀燕訓練他成為一百公尺、跳高、推鉛球三項全能田徑賽選手，小學畢業前，賴仕偉參加二〇二二年港都盃全國田徑錦標賽，拿下國小男子組三項全能全國第二名獎牌。

有自信，愈能激發學習力

二〇二二年六月從玉山國中畢業的朱婕瑀，是僑平國小

僑平國小最受學生歡迎的田徑隊，讓許多孩子得以發光發熱。

二〇一九年的畢業校友，從小學二年級開始練田徑。她在二〇二二年五月底的台灣田徑公開賽女子三千公尺障礙賽，以一一分四五秒七七奪得金牌，成為台灣第一個在三千公尺障礙賽跑進十二分鐘內的國中選手。

鄭秀燕回想家庭環境較不優渥的朱婕瑀，是一個「乖乖的，在人群中習慣把自己藏起來但鬥志很強」的女孩，功課中等、體力很好，對田徑練習很勤奮也很認真，幾乎不請假，不過當鄭秀燕問她為什麼想加入田徑社團？她的回答很實際：「因為參加田徑社可以不用參加早自習。」

鄭秀燕安排她和其他女生一起練跳遠、四百、八百公尺接力，幫僑平國小在校外運動會拿下好幾面金牌。因為有了成就感，朱婕瑀愈來愈有動機；升上國中後自願每天清晨六點二十分到學校晨練一千五百公尺，開始長跑之路，甚至在障礙賽跑出心得，開始嶄露頭角。

因為有自信，朱婕瑀後來連學業成績都突飛猛進，一直很關心朱婕瑀在國中發展的鄭秀燕開心的笑著說：「這就是當老師最有成就感的時刻了。」

以回憶錄《亨利亞當斯的教育》（*The Education of Henry Adams*）獲得普立茲獎的美國歷史學家亨利．亞當斯（Henry Adams）一百多年前就說：「教師的影響無遠弗屆，他永遠不知道影響遠至何處。當我們給孩子一點點，孩子會用他們的生命去放大。」

一百多年後的嘉義市校園裡，老師們繼續這樣的使命，為孩子們創造出多元適性發展的空間、找到「最好的自己」，成就每一個孩子的未來。

IEP計畫，發現特教生的天賦

改變環境的適性、找到長處的揚才，
讓每一位奇蹟孩子，都找到學習的樂趣。

二〇二〇年五月十六日，嘉義市南門圓環附近，由老宅華麗轉身的文化展演空間「南門壹陸」，在國立嘉義大學附設實驗國小（嘉大附小）名為「融・榮」的特展開幕式上，身穿筆挺白色襯衫，打上紅領結的馬瑞辰，手裡拿著麥克風，自信的介紹他的四幅繪畫作品。

作品〈豪華大餐〉中，有他想吃的漢堡、薯條、義大利麵和沙士；〈多肉植物〉畫的是他以後想種的盆栽，馬瑞辰說：「因為它們小小的，很可愛。」還有一幅〈美麗的風景〉，是他如果可以去旅行，夢想中的風景。

第四幅作品〈花盆〉，是用色鉛筆、鉛筆和粉餅水彩呈現表現主義風格，線條抽象俐落、色彩鮮

明。〈花盆〉同時被選為「融・榮」特展的立牌和海報，成為特展最受矚目的亮點。

介紹完四幅作品，馬瑞辰露出稚氣未脫的微笑，難掩害羞的說：「這是我想要的生活樣子。」

在揚起的滿場掌聲中，馬瑞辰鎮定的鞠躬謝謝在場來賓，然後步下講台。

這是當時小學五年級、學畫才一年多的馬瑞辰的第一場個展，被媒體譽為「小小天才藝術家」的馬瑞辰，學畫的經驗完全來自於校內，大部分時間是睡不著的午休時間，資源教室就是他的「畫室」。

對馬瑞辰來說，踏入畫畫的世界完全是一場美麗的意外。

「多元適性教育打破的學習框架，給了馬瑞辰找到自信、發現夢想的舞台，」一路看著馬瑞辰長大的嘉大附小校長陳明聰，翻著馬瑞辰畢業時學校為他出版的《馬瑞辰繪畫作品集》，有感而發的說。

不想被人看到的孩子

馬瑞辰是一位特教生，進入小學後情緒仍起起伏伏，常有一些他人無法理解的表現行為，像是陽光很大的時候，情緒特別不好；天氣陰冷時，心情反而好了起來。

陳明聰說，馬瑞辰常穿著同一件帽T，把帽子蓋得只剩半張臉，「他希望自己永遠不要晒到太陽，也希望不要有人看到他。」

這個內心世界需要被關懷、被外界理解的孩子，還好有一路跟隨他的「個別化教育計畫」

（Individual Educational Plan, IEP），讓特教老師有機會從每個特教生的ＩＥＰ中，看到孩子的優勢、發現孩子的機會和潛能。

什麼是ＩＥＰ？

同時也是嘉義大學師範學院院長、特教系教授的陳明聰解釋，美國在一九七五年頒布的特教法中，開始規定學校必須針對每一位身心障礙學生，依照家庭背景、能力、學業成就、認知風格做綜合性的分析及評估，由教育專業人員和家長互相溝通、合作，量身訂做每個孩子的ＩＥＰ，並根據學生的學習狀況定期檢討。

在台灣，雖然特教界前輩很早以前就從國外引進ＩＥＰ，但真正成為法律要求，則是等到一九九七年的《特殊教育法》後，明文規定每個高中以下的身障生都需要有一份ＩＥＰ。

根據不同的學習需求調整教學方式

ＩＥＰ為何重要？

陳明聰表示，對身障學生來說，每個人的學習起點、能力、環境都不同，也就有不同的學習需求，需要了解每個人的處境，才能評估怎麼樣的教育適合他，「對這些有特殊需求的孩子，如果要求他們用同樣的學習節奏、學同樣的內容，就會讓他們處於無效學習，或習得無助的情況。」

育人國小成立全台灣首創的特教社團——跨領域烘焙課，讓孩子從做中習得數學與社交技巧。

而ＩＥＰ確保每一位身障孩子都能接受適性教育。

一〇八課綱後，身心障礙學生在學科領域也跟上新課綱架構和學習重點，調整的依據同樣看每個孩子的ＩＥＰ，「不只是教學方式的調整，現在連環境、輔具、考試方式，都對身障生更友善了，」陳明聰微笑著說。

陳明聰舉例，被診斷注意力缺失（ＡＤＤ）的孩子，以前會被老師叫到最後一排以免干擾其他同學上課，但現在的教育現場反其道而行，會將特別需要專心的孩子排到第一排，改變環境降低孩子參與上課的困難度；如果像湯姆．克魯斯、莫札特、愛迪生或是蕭敬騰一樣有閱讀障礙、無法識字，就用多樣型式的教材傳遞學習內容，例如：多媒體、有聲書、電子書搭配語音報讀，一樣可以讓學生參與學習。

ＩＥＰ給了身障特殊學生更大的空間參與學習、適性發展，也讓學校老師有機會成為伯樂，幫忙孩子們找到「老天給的天賦」。

馬瑞辰就是在這個計畫中，遇到了他的伯樂——資源班老師陳凱琳。

解放天賦，展現光采和自信

「我從一年級帶著瑞辰，幫他寫ＩＥＰ，心裡總想：我可以怎麼幫忙這獨特的孩子突破心理困境？」

陳凱琳記得有一回翻著每個學生的ＩＥＰ，突然想到：「如果我讓他試著畫畫呢？也許他說不出口的情緒，可以藉由畫筆來當媒介……」

要缺乏自信、從未接觸過畫畫的馬瑞辰開始畫圖，陳凱琳坦言，一開始師生彼此的挫折都很大。

馬瑞辰第一張作品是〈動物園〉，有白色的羊、白色的小豬、一隻狗、一隻貓、鮮紅色雞冠的黃色小雞，還有一個水族箱，以及一個牌樓生澀的寫著「動物園」三個字，他後來在自己的作品集寫下注解：「一開始我真的不知道要畫什麼……」

不過，陳凱琳和畫畫老師很快便發現馬瑞辰的繪畫天賦。

在老師的引導和鼓勵下，馬瑞辰對想要畫的內容和喜歡的媒材都有了自己的想法，做畫時專注的神情和姿態，色彩亮麗、筆觸細膩的作品，讓老師們看到了和憂鬱外表完全不同的馬瑞辰；而馬瑞辰也在這繪畫的歷程中，感知世界的美好，找到表現自己的機會，更因被稱讚的機會變多，逐漸累積自信與正向表現，形成良性循環。

馬瑞辰講述自己繪畫作品時的光采和自信的光芒，連陳明聰都被折服。

「這個曾經把自己困住的小男孩，如今竟然告訴我：『校長，我以後要當藝術家！』」陳明聰想起當時這段對話，還是忍不住露出欣慰的表情。

「教育現場只要有一點點改變，就可以給孩子很多可能。可惜……」陳明聰坦言，當師生比例懸殊，在教育現場還是經常會遇到執行上的瓶頸，老師心有餘而力不足。

陳明聰說：「還好嘉義市不大、人口不多，維持剛剛好的師生比，加上嘉義師院（國立嘉義大學師範學院前身）已經培養特教師資超過一甲子，使嘉義市中小學對特教想法、觀念成熟，學校願意投入資源支持，甚至做到以特殊生的需求為優先考量，這對教育現場來說，是很大、很大的突破。」

激發特教兒的學習動機

現任嘉義市特殊教育資源中心主任伍瑞瑜在育人國小擔任特教老師時，便在學校的支持下成立全台灣首創的特教社團——跨領域烘焙課，將數學領域、特殊需求領域社會技巧課程融入多元有趣的社團，讓陳明聰印象深刻。

「身障生的學習目的，並非考試考高分，或是有很厲害的學歷，而是要有生活的能力，」陳明聰說，伍瑞瑜的烘焙社，從每個孩子的ＩＥＰ裡看見個別需求，「烘焙過程中

IEP 確保每一位身障生都能接受適性教育，也讓學校老師有機會成為伯樂，幫孩子找到「老天給的天賦」。

需要的數字、測量重量、幾毫升，就是生活化的數學；小組溝通與分工合作，討論東西要怎麼製作，就是社交技巧。一次有趣的課程，瑞瑜老師讓孩子學會好多生活能力。」

伍瑞瑜用最簡單、易懂的語言，讓學生產生學習動機。

「數學就是用各種元素，把它們放在一起，看看能得到什麼結果，然後判斷它是不是美味可口，」上課中的伍瑞瑜，懂得如何引發孩子們的學習興趣，於是大家立刻點點頭，說：「喔！原來如此啊，老師那我們要趕快玩數學、做點心。」

伍瑞瑜記得一位一開始排斥上烘焙課的學生，總跟她說：「老師，烘焙課好無聊，我不要上。」她慢慢觀察後才發現，孩子看不懂磅秤刻度，只能默默站在旁邊看著其他同學操作。

伍瑞瑜調整學習歷程，除了磅秤外，也教電子秤，讓孩子能獨立完成各階段工作，如：秤重、揉麵團、等待發酵到熱騰騰的成品出爐，進而漸漸愛上烘焙，告訴爸爸媽媽長大以後想跟吳寶春一樣當麵包師傅，甚至回家後會主動切水果、擺盤、煮麵給家人吃。

看得見的進步

烘焙手作的經驗不但能培養孩子的生活自理能力，也讓孩子發現原來課室裡的「學習」運用在生活上可以如此有趣，便願意動頭腦思考、動筆寫字，主動使用計算機完成數學題目。

二〇二〇年，伍瑞瑜獲得教育部優良特殊教育人員獎，她說：「特教孩子雖然學習比較慢，但是學習沒有一定的規則，快不一定就是好；慢也可以很好。我對孩子最大的期望是——看得見的進步。」

「小學是人生中最重要的階段，對有特殊需求的身障孩子更是特別如此，」陳明聰從事特殊教育超過三十年，大部分時間都停留在嘉義，陪伴無數嘉義市特教師生走過漫長的成長之路。

如今，嘉義市的特教環境，終於實現陳明聰與伍瑞瑜兩個特教人「改變環境的適性、找到長處的揚才」的夢想。站在一望無際的嘉南平原，看著眼前一片稻子從鮮嫩的新禾慢慢長成飽滿的稻穗，陳明聰露出孩子們最喜歡的溫暖笑容，說：「但願我們能繼續讓每一個嘉義市的『奇蹟孩子』，都找到學習的樂趣。」

吳清基（台灣教育大學系統總校長）：

適性揚才，成就每一個孩子

「如果今天諾貝爾有教育獎，我認為應該頒給哈佛大學教育研究所教授加德納（Howard Gardner）。」前教育部長吳清基、現任台灣教育大學系統總校長，是二〇一一年時任總統馬英九在元旦宣告實施十二年國教的舵手。

吳清基隨後宣布二〇一四年為國教元年，從此台灣義務教育步上劃時代全新道路，而他推動十二年國教的主軸——「適性揚才、終身學習、成就每一個孩子」理念，與加德納一九八三年提出的「多元智能（Multiple Intelligences）」理論，不謀而合。

加德納長久以來反對標準測驗。他認為，多元智能理論對於教育界最大的影響，就是尊重學習的個別化和多元化，尤其科技更讓個別和多元變得可能。

吳清基表示，加德納提出人腦八大智能，包括：語文、邏輯數學、視覺空間、肢體動覺、音樂、人際、內省和自然觀察，顛覆傳統以「ＩＱ」定終身的智力觀點，完全符合未來世代人才所需要的多元面向潛能：每個人的智能組成光譜不同，每個人都可以透過自己的優勢智能，行行出狀元。

這也是台灣現在的顯學：適性揚才、成就每一個孩子。

成為更好的自己

吳清基說，過去一般觀念認為國語、數學、英文好，才是好學生；體育是不讀書的孩子去混的、畫畫沒有出頭之日，但現在情況已經完全不同，「國語、英文、數學好，到美國拿博士回來當教授一個月薪水四萬元，但到美國職棒打球，贏一場球的薪水可以是好幾千萬台幣；音樂家辦一場音樂會有好幾萬個人聽，一首曲子就影響很多人……」

「這都是以前從來沒有想過的，」吳清基認為，價值觀已經改變，在多元價值的社會中，教育也要跟上適性揚才的腳步，家長不應再一味要求孩子讀書，而是要看到孩子的潛能和長處，「像吳季剛、古又文等人，就因設計才華而揚名國際；現在的教育要對孩子適性輔導，不放棄任何一個孩子。」

吳清基長期關注台灣地方教育，對嘉義市近年來積極推動將教育特色落實到教育現場，使嘉義市的孩子有適性揚才、找到天賦潛能的機會，印象十分深刻。

「科學168教育博覽會、國際管樂節、諸羅山盃國際軟式少棒邀請賽、日環食天文奇觀、嘉e卡、推動國際教育2.0……」吳清基笑著說，教育處處長林立生就像是個勁量鹼性電池，有永遠用不完的活力和好點子，讓八大智能的孩子都有發揮的機會，相信假以時日，一定可以教出影響未來的孩子。

「建構孩子從國小到高中職完整一貫之學習歷程，協助孩子朝向『成為更好的自己』目標前進，也是教育人的使命，」吳清基期待嘉義市未來教育能夠繼續協助孩子找出性向、興趣和能力的亮點，適性揚才，「這將是十二年國教基本教育未來發展的希望所在。」

第二章　具備人文哲學素養

哲學並非高高在上，
而是一種對話、一種思考，
一種生活的體驗，一把解決生活問題的鑰匙。

蘋果為什麼會往下掉？一公斤的棉花和一公斤的鐵為什麼會同時落地？一加一為什麼會等於二？沒有疑問就沒有科學，而「哲學」就是培養兒童思考、問問題的習慣；透過思考和想像提出問題，進而求取答案。

可是，什麼是哲學？為什麼要和小學生討論哲學？跟小學生討論哲學，他們聽得懂嗎？哲學，就是培養思辨和邏輯能力；而且要從小開始，不可能突然開竅。

中央大學認知神經研究所教授洪蘭說：「一個會溝通、會思考，又有學習新東西能力的孩子，未來的世界是他的。」

前白宮科技創新顧問、《未來產業》（*The Industries of the Future*）作者亞歷克．羅斯（Alec Ross）二〇一六年訪問台灣時，曾預言機器可以處理的工作，將在二〇二五年首度超越人力，而「思考」，將是人類不被取代的優勢。他提出這個世代孩子面對未來必須具備十大能力中，EQ（情緒智商）和如何思考兩項，都是哲學的範疇。

哲學教會的思考，能夠改變孩子的人生，成為孩子贏在未來的關鍵能力。

聯合國教科文組織（UNESCO）也強調：必須提早進行哲學教育，引導兒童練習哲學思考，才能培養批判思考、同理心、具有開放心態的公民素養。

其實，早在一九七〇年代，兒童哲學（Philosophy for Children）一詞就已經在美國出現。當時，在常春藤盟校哥倫比亞大學（Columbia University）任教的馬修．李普曼（Matthew

Lipman）觀察，儘管哥大學生學術表現優秀，但思考技巧卻非常薄弱。他發現人類在小學五年級時就已經養成重要的思考能力、技巧和習慣，之後的求學大多是「知識」的累積，而不是「思考能力」的增進。

從故事中引導哲學思考

李普曼提出「兒童哲學」，主張在小學五年級前，就應該透過「故事」引導兒童如何思考、體驗哲學討論的歷程，進行兒童生活哲學教育。他因此被稱為美國兒童哲學之父。

李普曼的兒童哲學概念往西橫渡太平洋，來到台灣。

一九七六年，毛毛蟲兒童哲學基金會創辦人楊茂秀，引進並翻譯李普曼的第一本教材《哲學教室》（*Harry Stottlemeier's Discovery*）；一九七八年，台灣開始進行兒童哲學教學實驗，愈來愈多教育人意識到兒童哲學的重要意義和價值，其中一位就是現任嘉義市市政顧問李錫津。

「哲學能夠給人目標感和意義感，」曾經擔任建國中學校長、台北市教育局局長的李錫津說：「長久以來，我們幫孩子排滿補習、家教，要他們上第一志願，但卻無法教會孩子熱愛生命，知道自己為什麼要活著？為什麼要努力？」

李錫津認為，一個人有正確的價值判斷，才能做出正確選擇，也唯有正確的哲學思辨能力，才能做

透過「故事」引導兒童如何思考、體驗哲學討論的歷程，進而培養出具批判思考、同理心與開放心態的世界公民。

正確的判斷與選擇，為社會帶來正向的價值引導。

二〇〇六年，李錫津被黃敏惠延攬到嘉義市擔任副市長，便和楊茂秀一起將兒童哲學帶進嘉義市的中小學校園，希望學校教育擔負培養學生思辨能力的責任，營造一個孩子能討論的情境，自由思考、尋找意義。

回想當時，李錫津坦言要把「哲學」這麼形而上的想法帶到學校裡，最大的挑戰就是第一線的老師：「這太艱深了」、「小學生不會懂」，李錫津不厭其煩，用自己最擅長的「說故事」，將各種生活中的細節融入哲學，鼓勵老師們和學生共讀故事，隨著故事的情節發展，一起討論，一起思考探索生活、價值、人生與哲學。

「哲學就藏在生活裡，賦予人們想像的自由和勇氣，」楊茂秀笑著說：「小孩是哲學的種子、天生的哲學家，大人唯有虛心向他們學習，關心他們所提出來的問題，哲學教育的推廣才能永續不斷。」

嘉義市兒童哲學以及具備人文哲學的素養教育，從那時開始便一路前行。

落實三策略，讓哲學的種子萌芽

將思辨與對話融入教育中，
啟發孩子無限的想像力，創造世界的美麗。

二〇一九年，黃敏惠在聯合國教科文組織指定每年十一月第三個星期四的「世界哲學日」（World Philosophy Day）當天，宣布啟動嘉義市兒童哲學教育三年計畫，她同時宣示：「這天也是嘉義市的兒童哲學元年！」

然而喊口號很簡單，落實才是挑戰的開始。

嘉義市兒童哲學教育三年計畫共有三個策略，第一個是「閱讀×哲學」。

兒童繪本有著豐富色彩的插畫設計、生動語言的故事情節，特別適合運用在兒童哲學教育上。毛毛蟲基金會指出，不管本土原創、翻譯，或是外文原著，都是「紙面劇場」，容易讓接觸者進入思考舞

台，不知不覺悠遊於哲學對話中。

藉由閱讀，激盪出不同的思考方向

大同國小以經典哲學繪本《失落的一角》（*The Missing Piece*）為文本，引導學生透過閱讀文本簡潔又充滿智慧的對話，思考「失落的一角」意涵、聆聽自己內心深處的感受，並延伸到日常生活經驗，學生有機會思考「如何跟自己相處」及「如何與別人相處」，也學習從不可避免的缺憾中，看到生命的大圓滿。

僑平國小則由志工媽媽利用晨間和學生共讀品格教育系列繪本。讀完《姜肱兄弟一條被》的故事，可以引導孩子思考人與人之間「禮讓」的議題，對禮讓行為該如何實踐與表達，提出更多想法。志工媽媽們更將繪本《海底來的秘密》以短劇方式演出，使學生對海洋的重要性有更深刻的領悟與思考。

至於老師，則結合藝術光點繪本，帶領學生共讀、思辨。例如：《有什麼都很好》（*You Get What You Get*）討論當事情不如自己期待時，除了發脾氣，還可以用什麼方式調整情緒？《最後一片葉子》（*The Last Leaf*）除了讓學生思考生命的意義，也透過故事中畫家伯曼為了救活主角喬喬卻犧牲了自己生命的行為，引導學生思考這樣的行為值得嗎？藉由討論，激盪出不同的思考方向。

嘉北國小以《為什麼不能等一下》引導低年級思考「等一下」的理由；《小王子》（*Le Petit Prince*）

陪中年級認識各式各樣的「人」的樣貌；《男孩？女孩？》帶領高年級認識性別的差異與反思。

閱讀之外，嘉北國小針對中年級學生展開的哲學教育：《聰明人的衣服》帶領三年級學生覺察與追溯「認同」的重要性；《貓巧可》系列讓四年級學生重新思索生活中的每一個「為什麼？」；閱讀挑起孩子探索未知的好奇心，討論交流則將一個又一個的問號，勾勒成一個又一個令人雀躍的驚嘆號。

興安國小同樣透過閱讀兒童哲學相關故事，進行反思與生活實踐。哲學繪本《破舊的小木橋》讓學生體會到「若每個人都實實在在做事，社會就會更加和諧」後，只要班級地板上出現垃圾，或有人翻倒水，孩子們都會主動上前協助；《這是蘋果嗎？也許是喔》繪本讓學生跟著主角一起展開一場和蘋果有關、天馬行空的創意想像之旅，「為什麼這裡會出現一顆蘋果」、「這真的是蘋果嗎？還是其實裡面住著恐龍？或是蘋果屋的種子？」老師在共讀後讓學生利用水果做發想，激發出源源不絕的想法。

融入生活情境的哲學

策略二則是「跨域 × 哲學」。

跨域最終目的就是融入真實生活情境，哲學也是如此；嘉義市許多學校以跨域學習引導學生認識哲學，塑造「處處有哲學」的學習場域。

文雅國小「小外交官的哲學路」，藉由踏查嘉義市在地文史，由老師帶領孩子閱讀文本，思索問

題、表達想法；小外交官參與二〇二一年由國際特赦組織波蘭分會發起，寫信聲援人權受侵害人們的「寫信馬拉松」（Write for Rights）行動，思辨事物的對錯，捍衛人類各項權利。

蘭潭國小舉辦自治小市長選舉的跨域學習，讓孩子從「人」和「事」兩個觀點思考、討論什麼樣的人格特質適合擔任這個任務；候選人所提的政見是否具體可行，且符合自身的執行力；在競選過程中，無論是候選人或小選民，都有機會學習民主與自由的真諦，積極投入學校事務，不僅發現問題，更學會成為問題的解決者；學習分辨與分析候選人，建立公民素養。

嘉大附小每月推出一個由學生演出的品格劇，並在討論故事內容過程中進行師生對話與思辨，引導學生了解真實世界總有不同的情境與立場，對於發生的事件有不同思維，孰是孰非有時無法定論。討論過程中，學生們爬梳自己的想法，傾聽他人的主張，學會以開放包容的態度，放下執念、同理他人，提升更有自主性、客觀性的議論力。

蘭潭國中也有「蘭中兒童哲學劇場」，提供學生角色扮演的

兒童繪本有著豐富色彩的插畫設計、生動語言的故事情節，特別適合運用在兒童哲學教育上。

機會，扮演一個在實際生活中不屬於自己的角色，嘗試、體驗另一種生活方式和行為模式。培養邏輯能力、建立同理心外，也增進了道德判斷能力，對正值青春期的國中生，是思辨的重要訓練。

玉山國中結合歷史、地理、國文、閱讀等多元領域，以社區走讀進行兒童哲學體驗課程。老師先導讀二〇一四年由玉山國中學生發表、記錄學校所在地劉厝風土民情的社區繪本《榕樹公公說故事》，引導學生發展自己的觀點。接著透過社區走讀，讓學生成為走讀主角，透過社區探索、老屋觀察、田野感受，思考自己與社區的關係與定位，提出自己的答案。

對話養成思辨能力

策略三是「對話 × 哲學」，哲學的思辨與對話，正是獨立思考的起點。

希臘哲學家蘇格拉底在兩千五百年前曾說：「未經審視的人生不值得度過。」哲學幫忙孩子追問人生的意義，幫他產生目標、熱情、勇氣和韌性，也幫他學會思考、善於思考。

而學習如何提出一個好問題，是兒童哲學最好的開始，可以讓孩子從自己的觀點和經驗出發，用不同的角度理解事情、覺察自我。

北園國小每年六年級畢業週系列活動都有一個班際辯論會，老師運用彈性課程指導學生對議題深入思考，正、反方各自蒐集資料，在辯論會上申述觀點、交叉質詢、發表結論，學會思考與表達，養成

思辨的習慣，對不同議題掌握觀點背後的依據與價值，型塑自己的思考脈絡與價值澄清，做出合適的選擇，並承擔結果。這堂思辨課成為北園國小畢業生最好的畢業禮物、一個能終身帶著走的能力。

崇文國小在班會時引導學生討論「我為什麼不能想做什麼就做什麼？」有人認為「謹慎一點比較好」，也有人覺得「自在做自己才是王道」；由老師引導不同情境，學生又會有不同回答，在互相討論分享中，激盪更多不同的思考方向。

宣信國小一堂關於「超能力」的兒童哲學課程，由三年級孩子們討論「我想要有什麼超能力？」第一個舉手的小男生說：「我想要有瞬間移動的超能力，因為這樣考試的時候可以偷看答案。」全班哄堂大笑，但老師沒有評論答案，反而問其他人：「有人對這個答案有疑問嗎？」另一個學生立刻舉手：「你瞬間移動還是會被老師看到吧？」在邏輯思考、分析討論、口語表達、腦力激盪的過程中，兒童哲學的種子便悄悄萌芽。

「哲學是人類最古老的知識與探索活動，也是嘉義市一個嶄新且重大的使命，」黃敏惠對嘉義市兒童哲學的未來充滿信心：「我們將思辨與對話融入教育中，啟發嘉義市孩子們探索這個世界，並且擁有不受拘束、無限的想像力，讓他們的天賦自由，創造世界的美麗。」

「處處是哲學、時時是哲學」的兒童哲學素養教育，在嘉義市不單單只是一個願景，更是一種生活方式的建立。

閱讀，是嘉義的日常風景

閱讀能力就像一把鑰匙，
啟動孩子自主學習、主動思考、找尋答案的習慣。

「老師，我的愛心剪歪了。」、「老師，蠟燭要畫幾根才代表學校幾歲啊？」、「老師，生日快樂的英文怎麼寫？」稚嫩的童音此起彼落傳來，這是嘉義市育人國小低年級學生的閱讀課。

不過今天的閱讀課特別不同。

閱讀推動教師許素秋在帶領學生讀完《祝你生日快樂》繪本後，也教他們如何填寫卡片的稱謂、祝福語及結語，為即將迎接第五十週年校慶的育人國小製作生日卡片。

孩子們拿起剪刀剪出粉紅色、紅色立體愛心黏在內頁，有人用一半注音、一半國字寫上「祝育人國小生日快樂」；有人則是以生嫩的筆觸拼出「Happy Birthday」，接著還要在封面設計獨一無二的生

日卡片，有的是大大小小的彩球，有的是繽紛的禮物盒，幾張是媲美一〇一的超級摩天大樓蛋糕，還有好幾支點上燭火的蠟燭。

至於中年級的閱讀課，許素秋要學生比較《失落的一角》和《失落的一角會見大圓滿》兩書的文本，並結合國語、藝術領域，請學生製作六頁小書，將兩書的感想、續寫劇情融入。一開始孩子們苦著臉喊「太難了」、「老師我寫不出來」，但經過多次練習、靜心思考，文字、圖畫愈來愈豐富，甚至出現許多令大人莞爾一笑的童言童語及創作力。

對於高年級學生，許素秋喜歡推薦熱門小說，並透過「聊書」和學生聊聊書中有趣的內容，引發閱讀興趣，培養高年級孩子閱讀長文小說的習慣與能力。

這個「跨閱『育』美力」的閱讀推動教案，讓許素秋獲得二〇二二年度教育部閱讀推手個人獎。

以身作則帶動閱讀

育人國小推動閱讀教育的日常，也是嘉義市推動閱讀教育的日常風景。

「從小培養良好的閱讀能力，就像是一把啟動孩子自主學習、主動思考、找尋答案的鑰匙；想要孩子們擁有人文哲學素養，必須奠基在良好的閱讀能力上，」黃敏惠曾在教育現場擔任過十多年的國文老師，深切了解人文、閱讀素養的重要，全力推動扎根閱讀教育，期望嘉義市新生代都能在瞬息萬變

的潮流中，累積站穩腳步的競爭力。

在不斷努力中，嘉義市閱讀素養逐漸結出甜美果實。教育部推動全台中小學晨讀運動的「身教式持續安靜閱讀（Modeled Sustained Silent Reading, MSSR）」計畫，二〇二一年底公布最新統計，嘉義市中小學以八五．七％的參加率拿下縣市排名第二名（第一名苗栗縣參加率為八八．九％），成績亮眼。

嘉義市參加MSSR的先鋒之一、現任民族國小校長陳文瑜解釋，這個計畫以培養學生閱讀興趣為基礎，強調以學校為基地，老師與家長則是孩子的閱讀楷模。

MSSR的M是「身教」（Modeled），也就是老師以身作則建立閱讀文化，利用每天十到三十分鐘的晨間時間帶領學生大量閱讀，並進一步將閱讀感染力擴散到家長，邀請家長陪孩子共讀。

第一個S是持續不間斷（Sustained）的閱讀習慣；第二個S是提供學生安靜閱讀（Silent）的空間，不播放任何音樂、廣播，也禁止任意走動或交談，創造校園全然安靜的氛圍，讓學生可以專注閱讀。最後一個英文字母R則是閱讀（Reading），學生可以

老師以身作則建立閱讀文化，利用每天十到三十分鐘的晨間時間帶領學生大量閱讀。

任意選擇有興趣的課外書籍閱讀。

陳文瑜回想最初邀請全校師生一起晨讀，遇到不少質疑聲，連學務、教務主任都問她：「校長，一定要每天嗎？」還好在排除萬難的堅持下，沒多久孩子便自然而然養成「每天進教室就拿出一本自己喜歡的課外書出來看」的閱讀習慣。

持續灌溉閱讀的花朵

在教育部閱讀磐石獎方面，嘉義市從二〇二〇年開始連續三年獲獎。二〇二二年的閱讀磐石獎，除了許素秋的個人推手獎，還有南興國中的「陽光桃城，飛越南興」及興嘉國小的「閱行城市——移動世界」兩個閱讀教案獲獎。

斐然的閱讀教育成績，嘉義市怎麼辦到的？

「沒有別的撇步，就是努力、拚命往前跑！」教育處處長林立生透露，市政府逐年增列圖書預算補助學校汰換圖書設備，力拚藏書量全面升級，到二〇二二年國中小總圖書量已經超過八十萬冊；未來還會更積極營造優質的閱讀環境及氣氛，並推動雙語閱讀，增加英文圖書比例。

「我們會繼續往前跑，讓閱讀素養在嘉義市遍地開花，」揚起高亢的音調，林立生繼續說：「當孩子們體會閱讀的美好、養成閱讀習慣，進而建立自學能力，就可以成為未來世界最需要的人才。」✦

李錫津（嘉義市市政顧問）：

用兒童哲學讓哲學回到人間

「我們會成為怎麼樣的人，不是因為我們的能力，而是因為我們的選擇，」李錫津停頓了一下，看看台下的老師們，笑著問：「這是一位很厲害的校長的經典名句，你們知道是哪位嗎？」

一片安靜。

「是鄧不利多，」他說，台下老師們則報以一臉狐疑。

「霍格華茲魔法與巫術學院啊！學校裡最有名的學生就是哈利波特，」在眾人回過神前，李錫津自己先哈哈大笑。

「當時哈利波特因為身上擁有佛地魔的能力，害怕這些能力會帶他走向邪惡之路，讓自己

成為傷害別人的人，校長鄧不利多提醒他……」李錫津繼續說：「你會是誰，不是決定於你有沒有跟佛地魔一樣的能力，而是因為你能做出和佛地魔不同的選擇。」

李錫津用平易近人的故事或電影經典情節演講，果然立刻吸引住大家的目光。他們，都是參加教師增能研習營的老師。

「選擇的過程就是思辨能力的表現，」李錫津將重責大任賦予研習老師：「你們要讓嘉義市的孩子們都成為兒童哲學家。」

讓人生不卡關的思辨能力

二〇〇六年，李錫津被黃敏惠延攬到嘉義市擔任副市長，將自己在台北市教育局局長任內推動的生活哲學，帶進嘉義市中小學校園，使嘉義市成為全台最早扎根兒童哲學的縣市之一。

直到今日，只要有學校邀請他替兒童生活哲學種子教師培訓課程上課，已經七十四歲的李錫津從不拒絕。

他坦言，在建中當校長的經驗，給了他許多衝擊和反思。

二十幾年前，李錫津在這所集合全台灣智商最高、最多資優生的校園中，發現再會讀

書、成績再好的孩子，如果缺少思辨能力，面對人生難題時仍然會卡關、不知如何解決。

當他在台北任教時，問孩子們：「有什麼是值得你不計一切代價，也要全心投入和付出的？」答案往往是：「沒有。」

再問他們：「為什麼在這裡？未來的目標是什麼？」好幾次會得到「校長，我只是為了我爸媽而讀書」、「我爸媽叫我當醫生，但我一點興趣也沒有……」的回答。

李錫津嘆了一口氣，搖頭說：「這太讓人心痛。如果孩子的人生選擇，都不是經由自己的思考、審視後決定的，他為什麼要努力呢？就算實現了『別人的光榮和夢想』，他會為之欣喜，又會珍惜自己的人生嗎？」

長出面對未知挑戰的勇氣

特別強調「生活」兩個字，他說，哲學本來就是為了解決人類生活的問題、存在日常生活之中的態度和價值觀，只是十九世紀進到大學校園後，才變成艱澀難懂的理論，「我們現在要用兒童哲學、生活哲學，讓哲學回到人間。」

從台北市的生活哲學到嘉義市的兒童生活哲學，李錫津努力讓哲學「接地氣」，「生活中處處是故事、件件都是人生哲理；要讓孩子有興趣，就要從他們關心的事情、最容易懂的

故事下手。」

「哲學是心靈的羅盤、開車時的GPS（全球定位系統）。」李錫津最喜歡在校園裡被小學生包圍央求他講故事的時刻，「我們不是要培養未來的哲學家，而是希望這些小毛頭在面對未來的問題或難題時，有正確的價值觀、人生觀，能善加思辨，長出面對未知挑戰的勇氣。」

話才剛說完，李錫津已經被一群剛下課的小學生拉走，要「最會講故事的李爺爺」再去講另一個「小故事大哲理」……

「盼望哲學教會我們的思考，能夠讓孩子的人生更美好，」李錫津衷心期待著。

第三章

懂得欣賞生活中的美好

在教育環境中注入全新的美感能量，

用「美力」為新世代打造迎向未來的競爭力。

你願意花多少錢買一支手機？一支現在最頂級的蘋果 iPhone13，官網售價近台幣四萬元。同樣都是智慧型手機，儘管這支「被咬了一口的小蘋果」比其他手機貴了許多，卻仍然擁有一群不離不棄的「果粉」。根據美國市場研究機構 Asymco 統計，iPhone 到二〇二一年底的全球總銷售量是二十億支，活躍用戶超過十億人，占了全球智慧型手機用戶的二六％。

以功能來看，即使兩個品牌差異不大，死忠的果粉還是會選擇 iPhone，是因為 iPhone 外型美，手拿 iPhone 彷彿代表自己是懂美學的品味人士。

「美學」兩字在消費市場上，已經成為一股經濟趨勢，而由 iPhone 創造出的驚人美學經濟，宣告美「力」時代已經來臨。

「美」到底「多給力」？看看每個人鞋櫃裡，可能都有好幾雙的 Nike 運動鞋，不小心甚至出現奇貨可居的品牌聯名款。

Nike Air Jordan 1 和精品品牌 Dior 推出聯名款球鞋，不只周杰倫、劉嘉玲等巨星搶著開箱這雙要價台幣八萬元的球鞋，二〇二一年美國職籃 NBA 全明星賽時，爵士隊當家主控麥克康利（Mike Conley）也穿它出賽。Dior X Nike Air Jordan 1 如今在網路上一雙賣到台幣三十萬元。

「設計師顛覆產品設計定位，把運動鞋變時尚了，」橙果設計創辦人蔣友柏曾經這樣說。

二十一世紀是美感的世紀。在這個講求風格、品味的年代，美感創新蔚為全球新顯學，也是未來世代迎向未來挑戰必備的競爭力。

可是，美感如何培養？尤其是過去講求務實及效率的台灣教育來說，如何將「美感」深植人心，甚至內化成為生命的一部分，學校教育扮演了關鍵角色。

推動美感教育已成世界潮流

創造蘋果傳奇的前CEO史帝夫・賈伯斯（Steve Jobs）二〇〇五年在史丹佛大學（Stanford University）畢業典禮上發表演說時透露，他的美學概念源自於十七歲在波特蘭里德學院（Reed College）跑去旁聽一堂字體美術設計課，學會如何讓好看的字體更完美，使他日後設計麥金塔電腦時，對電腦字體的美學特別講究。

美國有線電視新聞網（CNN）曾經報導：「當年賈伯斯在里德學院的旁聽，影響了蘋果公司後來塑造優雅而極簡的美學標準。」由此可見從學校扎根美感教育的重要性。

美國、韓國、芬蘭等國早些年前已經開始有系統的推動美感教育。

芬蘭一九九八年通過《教育法修正案》，明訂從小學到中學畢業，每天都要上兩小時的美學課程。

美國則是在二〇一一年，由日裔美籍視覺藝術家前田約翰（John Maeda）擔任羅德島設計學院（Rhode Island School of Design）院長期間，率先推動將STEM加入藝術（Art），成為STEAM，讓藝術人文結合科技，帶來更多創新。從此，「STEM+ART=STEAM」掀起美國教育界

旋風。

也是在二〇一一年，韓國教育部發布《整合型人才教育（STEAM）方案》，也是將Art納入其中，由首都首爾市起跑，每個國中生都必須修習至少一學期的藝術課程或活動，包括：音樂劇、劇場、電影等等。

美就是一種生活

台灣的美感教育同樣正在急起直追中。

兼任亞太地區美感教育研究室主持人的教育部十二年國教新課綱推動專案辦公室執行秘書洪詠善強調：「美為產業加值。而從小教美，就是幫孩子的未來加值。」

二〇一三年八月，教育部提出總經費四十二億元的美感教育中長程計畫，第一期五年計畫預計從二〇一四年開始，同時也宣布該年為「台灣美感教育元年」。一〇八新課綱將「美的感知與欣賞」編入生活領域七大主軸之一，希望學生學會感受生活中人、事、物的美，欣賞美的多元形式與表現，體會生活的美好。

從中央到地方，嘉義市將美感教育付諸行動。

「美是需要學習的感覺；好品味是從小教出來的，」嘉義市市長黃敏惠特別強調要創造幸福城市，

而「培養孩子品味生活的幸福能力」便是其中之一。

國家教育研究院出身的教育處處長林立生，完全支持這個想法。他說，台灣教育長期以來以升學為導向，考試領導教學，升學考試不考的美勞課、美術課要不是被借去上國文、數學、英文等主要科目，要不就是發下一張圖畫紙畫一學期、發下材料包照著做，創造力不但沒有機會被觸發，連「天生的美感」也慢慢被磨光。

「改變的第一步從學校開始，」林立生認為，美感教育的關鍵在美感意識，是藝術美學加上生活美學，藝術教育不是唯一面向，社區、家庭、生活都是培養美感的場域。

讓環境美感教育融入生活

嘉義市以三大重點培育新世代孩子的美學品味，首先，要讓環境美感教育融入生活。眼睛看到的，就是最好的學習；希望孩子有品味、有美學鑑賞力，就要讓他們生活在充滿美學的環境裡。

學校是孩子生活的重要場域、每天待得最久的地方，嘉義市用「境教」讓校園成為浸潤美感的環境，鼓勵轄區內中小學將美感元素加入校園角落、美化校園環境，學生每天上學接觸到、看到的都是美，潛移默化便會知道什麼叫做美，就能夠欣賞生活中的美好。

此外，二〇二一年底在嘉義市舉行的台灣設計展，以「整個城市都是展場」的概念策展，將美學融入日常生活，十天的展期成為孩子最好的美感學習經驗，懂得發現、探索日常生活周遭、鄰里街區最微小的角落，也可以找到動人的美感。

從知食到享食

美感並非只能落實在環境及物件上，日常飲食美感，更是一日三餐可以實踐的最佳機會。

二〇一一年，嘉義市成為全國第一且唯一中小學一〇〇%自設廚房、自辦學童午餐的縣市，並將午餐變成「處處是教育」的智慧，透過學校教育，將重視飲食品味的價值觀、鑑賞能力傳承給下一代。

嘉義市的飲食品味教育任務包括：提供營養均衡的食物、培養味覺體驗、建立食物衛生及營養基本概念，也強調打開孩子的心胸，多方嘗試各種不同的食物來喚醒味蕾與感受；也把握學校午餐的機會訓練飲食習慣，讓他們知道何時、何地、如何、為何吃，以及吃什麼。

從知食、產食、惜食、佳食、享食五大主軸實踐「從產地到餐桌」的飲食教育後，嘉義市二〇一九年與灃食公益飲食文化教育基金會（簡稱灃食教育基金會）合作，將食育朝向美學品味深度發展，從源頭設計讓學生更清楚認識食材，並改變校廚烹煮方式與思維，同時納入餐桌、餐具美學設計，從教育現場改變餐食與飲食識讀力，打造飲食美學視野，成為孩子一輩子帶著走的美學素養與能力。

接著，則是要讓音樂教育走向世界的舞台。

走入日常，迎向國際

一九三一年，嘉義高中成立第一支學生吹奏樂隊，是嘉義市發展管樂的濫觴，引領管樂風潮。嘉義市幾乎每所中小學都成立管樂社團或專班，讓管樂文化扎根在基礎教育上，成為一把打開音樂學習之門的鑰匙，讓每個孩子都有機會接觸管樂，享受管樂活力奔放的青春能量，並從管樂藝術教育培養對美的感受。

一九九三年開始每年舉辦的嘉義市國際管樂節，使嘉義市蛻變為世界級的管樂城市，國際管樂節重頭戲之一的管樂踩街嘉年華遊行，讓管樂從難以親近的音樂廳走入大街小巷，用音樂的滲透力和感染力，透過感官、直覺、感知，達到美學生活化的目的。

黃敏惠認為：「最美的時刻，就是創造屬於自己的美感，懂得欣賞生活裡處處的美好。」從打造美的校園、提供有品味的飲食教育、走進日常生活的音樂教育，一直到涵蓋整個城市的生活美感營造，嘉義市正在落實教育實際行動，匯集一股全新的美感能量，加值孩子未來的美感教育——用「美力」為新世代打造迎向未來的競爭力。

生活處處都有美感教育

從校園走進城市，
嘉義市的美感教育融合在生活環境中。

柏拉圖說：「最有效的教育，就是讓孩子在美麗的事物中玩耍。」環境關係著孩子接受美感教育的累積速度、揮灑才華、激盪學習的氛圍，而嘉義市則是從校園開始打造生活美感。

「每個孩子眼睛看到的，就是最好的學習，」任教於高中校園十多年，黃敏惠對台灣制式化、四四方方的傳統校園環境很有感：「我們希望孩子有品味、有美感，那就得讓校園美一點。」

林立生則呼應黃敏惠的看法：「美感教育最需要環境的潛移默化，我們從每天上學的學校著力，改造大家不喜歡的角落，讓校園成為浸潤美感的環境。」

二〇二〇年九月底，嘉義市政府教育處發了一則很特別的媒體採訪通知，主題是「另類美術館」；

地點則在嘉義市大同國小禮運樓東側廁所門口，還是由黃敏惠親自主持。此外，台灣重量級畫家陳澄波的兩位藝術家外孫蒲浩明、蒲浩志也親自到場，可見這個「另類美術館」受到重視的程度。

這場校園廁所革命，源自於大同國小廁所長年因為設備老舊、通風不良、採光不佳，陰陰暗暗、又髒又臭，被師生視為畏途，寧可憋著也不使用。

改造後的廁所通透明亮，每層樓都有「主題藝術牆」：一樓是以陳澄波的〈嘉義公園〉為原型，利用馬賽克剪貼藝術呈現原畫作的油畫質感和靜謐悠閒氛圍，所創作出來的〈野鶴悠游辨天池〉；二樓〈月光下的童話〉則是以當代藝術家幾米童趣、溫暖的作品創作發想，其他還有以在地藝術家林玉山、本土藝術家黃土水、馬賽克藝術大師顏水龍作品為基底發想的創作。

當「上廁所」成為美感洗禮的過程，學生不但不再害怕「去禮運樓上廁所」，甚至外賓來訪時，負責導覽的學生總會驕傲介紹這個「全台灣最酷的廁所」，對每面藝術牆如數家珍。

孩子就是藝術家，校園就是美術館

北興國中同樣有好幾個化腐朽為神奇，成功改造成美感校園的空間。

在北興國中校園內，隨口問幾位迎面而來的國中生：「學校最漂亮的角落是哪裡？」、「你們下課最喜歡去哪裡聊天？」

藉由美化大家不喜歡的角落，讓校園成為浸潤美感的環境，學生能在潛移默化中培養自己的品味。

「密語盒子！」學生們異口同聲說。

「那裡天氣好的時候超舒服的，還有微風吹過來，心情不好坐在那裡，一下子就開心起來了，」一個女學生露出靦腆的笑容說。

很難想像這個以木地板、空心磚改造再鋪上木屑，四周種滿深深淺淺綠色植栽的露天休憩空間，原本是北興國中的化糞池；而另一個原本是雜草堆的角落，則架起三角木、低空平衡木，還有刻意保留的大樹，成為校內最受歡迎的戶外體驗場。

美感就是 I care，沒有美感就是 I don't care。那麼要如何讓孩子們 care（在乎，有感）呢？

「環境要和學生有互動。有孩子的參與，美感教育才會有『感』、有生命力，」曾經擔任興安、興嘉兩所國小校長十多年，現任嘉義市政府教育處十二年國教專案辦公室執行秘書李舜隆分享：大量運用學生作品布置校園，最容易引發孩子關注、激發創意靈感。

李舜隆當時喜歡利用校慶，讓孩子展現自己的作品。他記得有一年在興安國小，每間教室外的走廊上方都拉起鋼線，吊掛學生的彩繪風車作品，當一整排五彩繽紛的紙風車隨風輕輕轉動，教室走廊成為彩色的風車廊道，不只學生很「有感」，家長們更是與有榮焉。

大同國小同樣大量運用學生作品美化校園。從校門口或站或坐、姿態各異的貓頭鷹交趾陶開始，一路創造處處有美感的氛圍。

「校門口的貓頭鷹交趾陶，是前幾年畢業班孩子的作品，就像是守護神在保護著學弟、學妹；禮運

大同國小利用學生的作品美化環境，打造獨一無二的校園美術館。

樓一樓穿堂的玉荷新語交趾陶是二〇二〇年開始的計畫，每個畢業生都會留下一片荷葉、一朵荷花、一隻螃蟹或是小蝸牛，」大同國小校長盧淑娟指著孩子在荷葉上、蝸牛殼上的簽名，一一回想他們在校內的樣貌。

她笑著說：「我們的校園就是一座孩子的校園美術館，也是立體的畢業紀念冊，每個大同學生都是展場中獨一無二的藝術家。」

美感教育最後一塊拼圖：城市氛圍

學校教育外，想要落實美感教育，終究還是得靠整個城市的美感氛圍。

中華民國美術設計協會輔導理事長、「我在品牌設計」執行長，同時也是融合中、英文字體的「翻轉台灣」創作者林國慶強調：「城市美不美，決定了孩子的美感能力。」

林國慶提倡「用設計思維，翻轉城市不同高度」，對嘉義市

近年來將美學融入城市，重新改造嘉義公園、中正公園、市立圖書館、製材所、老監獄等傳統公共空間，讓城市展現截然不同的美學高度，印象十分深刻。

二〇二一年的台灣設計展，在林國慶眼中，更是讓嘉義市脫胎換骨，給孩子從在地、生活周遭培養美感的最佳機會。

林國慶認為，嘉義市以「整個城市都是博物館」為概念策展，孩子最熟悉的在地建築物，無論是公園、圖書館、美術館，或是平常跟著阿公、阿嬤去拜拜的城隍廟、九華山地藏庵都變成展場。「將美學、美感深入孩子的日常生活領域，『美』成了生活中的一部分，像呼吸一樣自然。聽多、看多，就會知道什麼叫做美；美的素養，就在這樣的過程中一點一滴培養出來，」林國慶說。

他認為：「生活中的美學教育是最重要的養分，是孩子認識美的第一步；當孩子打開眼界，懂得欣賞生活周遭的色彩，他們的生命也將變得更豐富精采。」

在嘉義市，「讓美感教育無處不在」不只是一句口號，而是一場正在進行的教育革新——從校園到城市，營造美感的生活環境，將環境美感融入生活，更為下一代種下美感的種子，讓城市成為滋養美感的沃土。

學校引發飲食美學革命

每天的飲食生活，不僅是人生大事，
更是培養美感教育的最佳切入點。

二〇二二年四月下旬，一個週二上午，全校從一年級到六年級，統統要上全天課，嘉義市興安國小第一堂下課鈴聲剛響，幾個低年級學生邊跑邊跳到校園廚房門口，抬頭往上看比他們身高還要高的「今日菜單」白板。

童稚清脆的聲音，七嘴八舌討論起來：「哇！今天是鐵板麵配雞排」、「竟然還有珍珠奶茶」、「我們趕快回去跟同學說」，孩子們三步併做兩步，迫不及待的往教室方向跑回去。

廚房裡，四位戴著髮帽、口罩、圍裙的校廚，正在幾個火力全開的大鍋前忙碌工作著。

其中一個大鍋子裡正沸騰著橘紅色的蘑菇醬，番茄、蘑菇和絞肉混合在一起的香味隨著氤氳白煙瀰

漫在空氣中；另一個滷雞排的大鍋中，則飄散出八角、五香和醬油的香氣，一旁還有裝在好幾個網狀菜籃裡，已經清洗乾淨，準備要下鍋清炒的鵝白菜。

興安國小只是嘉義市中小學準備學生午餐的縮影。同時間，嘉義市另外二十七所國中小，以及三所公立幼兒園校園裡的校園廚房，也同樣上演著如此忙碌的景象。

懂吃，影響一輩子

全嘉義市國中小百分之百自設午餐廚房、自辦學童午餐，是許多縣市政府與家長孩子們的夢想，而嘉義市早在二〇一一年就已經達標，甚至已經在二〇二一年往下延伸到公立幼兒園。

市長黃敏惠只要談到轄區內每間中小學都有自己的廚房，替孩子準備午餐，總會露出驕傲的表情。「嘉義市要發起午餐革命，從自辦學童午餐、讓孩子吃得好開始，還要繼續讓孩子從飲食中學習味覺的美學素養，」黃敏惠說。

教育處處長林立生透露，一所學校自設廚房的建造費用可以高達六百萬元，「乍聽之下很可觀，但對養成下一代良好的飲食習慣以及對待食物的正確態度，影響卻很深遠。」

林立生接著表示：「自設午餐廚房之後，孩子們終於有機會知道每天的午餐從何而來，由誰烹調，而吃到肚子裡的食物，也不會有他們看不懂的化學添加物。」

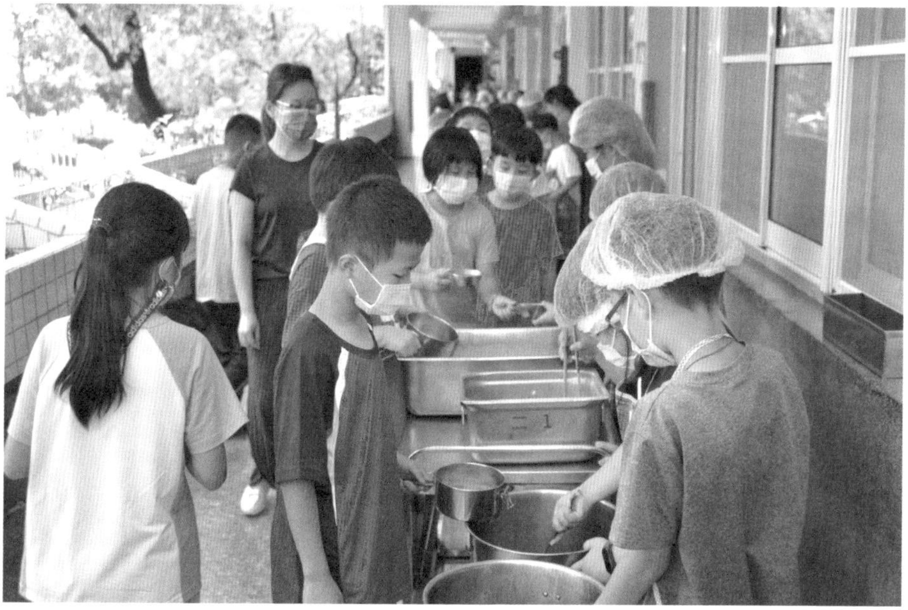

嘉義市超前部署全市中小學自設廚房，從知食、產食、惜食、佳食、享食五大主軸著手，推展飲食教育。

「在學校裡的午餐，是許多孩子一整天最正常的一餐，」興安國小校長查顯良十多年前就觀察到上學、放學時，學校附近的早餐店、便利商店擠滿「外食族」小學生，手上拿著飯糰、水煎包、炸雞漢堡配奶茶，或是微波食品，都是高油脂、重口味的加工食品。

「味覺的啟蒙對小學生無比重要，我們以前習慣媽媽煮飯的味道，現在的孩子呢？」、「學校可以為孩子做些什麼？」類似的問題當時一直在查顯良心裡冒出來，卻始終沒有解答。

二○一二年八月，當時的嘉義市副市長李錫津帶著包括查顯良在內十幾位校長到日本考察食育。「從設計教材、增設營養師、開授營養和用餐禮儀等課程，日本政府在校園裡全方位推動飲食教育，」查顯良回想：「這趟旅程，給了我們很大的震撼。」

「日本能，嘉義市也做得到！」憑藉著這樣的信念，嘉義市超前部署全市中小學自設廚房，從知食、產食、惜食、佳食、享食五大主軸著手推展飲食教育，從小培養味蕾、吃懂自然食材的原味。

從知食到享食，型塑飲食品味

以二○一五年將食育納入校本課程的「嘉義市食農教育典範學校」興安國小為例，便以六年完整的飲食教育，型塑孩子的飲食品味。

「知食」帶領孩子認識六大類食物、懂得分辨食物和食品；「產食」開闢校園農場讓孩子體驗種植；

「惜食」從養成拿多少吃多少的好習慣學習珍惜食物、降低廚餘量；「佳食」是學生最期待的烹飪課；「享食」則是飲食禮儀教育，孩子們得在全班同學、老師就座後才可以開動。

嘉義市百年老校大同國小，則是利用教室外的花台進行機會教育，讓學生從種植中，培養「吃當季、食在地」的概念。

「因為自己動手種，孩子對哪個時節適合種哪些蔬菜瞭若指掌，」大同國小校長盧淑娟最享受課間巡堂時，順道欣賞孩子們的農作成果。她指著花台上一排小白菜說：「像是現在，他們就會跟老師說：『小白菜、地瓜葉在清明節前後比較容易長得好，』共同決定要撒哪些菜籽。」

等到可以收成，孩子便親手將蔬果採收，送到只有幾十步距離遠的校園廚房交給校廚們烹調，為當天中午的營養午餐「加菜」。

「雖然不像農夫種的這麼美，但自己從菜籽細心呵護長大的農作物，孩子都吃得津津有味，」盧淑娟笑著說：「甚至有機會和媽媽上菜市場時，他們也會提醒媽媽：『要吃當季的蔬果。季節對了，就會特別香甜好吃。』」

除了各班教室外的花台成為迷你種菜區，大同國小還有一個開放認養的校園農場，目前的農場主人是三年級美術班。美術班學生每天利用吃完午餐後的短暫時間，到被他們暱稱「開心農場」的農場當小農夫。

採訪這天由女生組出馬，心貝整地、沛君播種，奕靚、渝雅和欣頤忙著替剛冒出頭的白鳳菜、甘薯

葉、紅莧菜和韭菜澆水、施肥，清明節過後的南台灣，中午溫度已經飆破攝氏三十度，幾個汗流浹背的小女生儘管全身沾滿了泥土，仍舊邊工作邊哼歌，或是說說笑笑，非常樂在其中。

「認領校園農場前，好幾個孩子分不出青蔥和韭菜，也有人看到菜蟲就尖叫，」美術班班導師賴嘉弘指著正在徒手挖洞準備把種子撒進土裡的小女生，笑著說：「這位小姐以前從來沒有踏進泥土地裡，更別說用手挖土了！」

找回和土地的親近，意外觸發這群學美術的孩子許多創意靈感。

賴嘉弘發現，「挖土」這項任務，讓孩子們在捏塑課時有更多天馬行空的創意；而觀察菜苗長大的姿態，也讓孩子在靜物素描時注意到枝葉的莖脈、花瓣捲曲的立體感……，完成的作品更有接地氣的生命力。

學會什麼才是「好好吃飯」

從會種、會煮、會吃到會分享，嘉義市接著把小學生的飲食教育朝向「美學品味」深度發展。

二〇二〇年，推動飲食文化教育的灃食教育基金會，將「營養 5 餐」計畫導入嘉義市小學，兩年來已經有包括林森、世賢、垂楊、興安、大同、崇文、育人及僑平八所示範小學，正在從教育第一線改善孩子的餐食與飲食識讀力。

學生從種植、採收到吃下肚的過程裡，培養「吃當季、食在地」的概念。

灃食在嘉義市的「營養 5 餐」計畫融入食育課程，請美味革新主廚入校協助校廚落實現代化的烹調方式與思維，更納入餐桌、W 餐具美學設計，也在每間示範學校打造食育教室（Food Lab），透過場域的設計巧思與空間配置，讓孩子對「營養午餐」有不同想像。

「平常孩子們在教室吃午餐，都只能拿個大鐵碗把主菜、配菜全部堆在一起，然後看著同學的背影用餐……」灃食基金會資深經理葉俊甫說：「我們想要顛覆這樣的用餐經驗。」

首先，在食育教室用餐，不拿鐵碗，而是使用分隔式餐盤，「讓每道菜的味道清清楚楚分隔開來，孩子不但學會配色的美學架構，也能享受每種食物的原味，而不是唏哩呼嚕把午餐全部掃到肚子裡，然後趕快出去玩，」葉俊甫說。

此外，新銳設計師王艾莉以明亮、極簡風格打造食育教室，還原現實生活中用餐面對面、和餐桌上的家人、朋友互動的場景。食育教室內的桌椅不像上課排排坐，而是設計成六人一桌的長方桌，讓學生面對面和同學邊吃飯、邊聊天，王艾莉說：「我們希望這個食育新場域，讓孩子重新找回『好好吃飯』的儀式感，讓用餐變成生活中一件重要、值得期待的事。」

「不只課桌，餐桌也是學校教育的一環，」今年四月，黃敏惠在育人國小剛剛啟用的食育教室笑咪咪的和小學生們一起打餐、吃午餐，當時她說：「校園用餐過程中的每一次學習，將變成孩子的養分、成就了自信，造就新生代全新的飲食美學視野，累積起來，絕對會影響孩子未來的人生。」

嘉義市這場從學校展開的食育美學革命，值得期待。

✦

讓音樂走進大街小巷

音樂開啟了孩子感受的開關，
讓他們懂得欣賞生活中的美好，更養成團隊合作與堅毅性格。

咕恰（Guča）是位在巴爾幹半島的東歐國家塞爾維亞西部的一個小城，距離首都貝爾格勒（Belgrade）車程約三個小時。

每年夏天的「咕恰管樂節」（Guča Trumpet Festival）讓這個居住人口只有兩千人的閑靜小城鎮變成巨大舞台，湧入超過六十萬全球管樂迷；連續數天不分晝夜，街道上隨處都是管樂小號和大號的歡樂樂音。二〇二二年進入第六十一屆的「咕恰管樂節」，在樂迷心目中的地位堪稱「銅管高峰會」（Golden Brass Summit）。

回到和巴爾幹半島相隔半個地球的亞洲，這裡也有銅管高峰會嗎？

答案是：有，而且就在台灣南部的嘉義市。

音樂讓世界看見城市魅力

嘉義市人口約二十七萬，卻有全台密度最高的管樂團，轄區內每間中小學都有自己的管樂團或管樂班；還有經營超過三十年，已經建立起國際知名度的嘉義市國際管樂節（Chiayi City International Band Festival），吸引全台及全球各地管樂團，每年冬天有如候鳥般聚集嘉義市。

嘉義市國際管樂節發源自日本時代的昭和六年（西元一九三一年）。當時，現在的嘉義高中成立第一支學生吹奏樂隊，獲得市民熱情回應，管樂風潮從此在嘉義發芽茁壯。

一九九三年，嘉義市舉辦第一屆管樂節；一九九七年，管樂節開始邀請外國團隊參與，更正式冠上國際二字。經二〇〇〇年舉辦亞太管樂節後，嘉義市在二〇一一年接著主辦第十五屆「世界管樂年會」（WASBE），將嘉義市國際管樂節推上另一個高峰。

那次的世界管樂年會，吸引超過三千名國際管樂演奏者和三百位以上的音樂家齊聚嘉義市，連美國海軍防衛隊軍樂團都有數十人赴會，讓嘉義市國際管樂節氣氛和能見度推向新高點。

交通部觀光局介紹台灣的重要慶典活動中，是這樣將嘉義市國際管樂節介紹給國際旅客的：Today, it is not only Chiayi City's most special culture event but also Taiwan's. The Tourism Bureau, MOTC listed

嘉義市是管樂之都，每年的國際管樂節總吸引來自世界各地的樂迷熱情參與。

it as an international-level tourist activity, which in fact is hailed by music communities home and aboard. Throughout Taiwan, it is known as the City of Sound and the Town of Wind Music.（嘉義市國際管樂節不只是嘉義市，也是台灣最特別的國際級觀光活動、文化盛會，受到台灣本地及全球樂迷熱愛，嘉義市更被稱為「聲音的城市」、「管樂城」。）

把街道變成「音樂街河」

「嘉義市是管樂之都，管樂屬於每一位市民、每一個嘉義市的孩子，也屬於這個城市的生命力，」二〇二〇年十二月下旬，「回嘉」當市長的黃敏惠穿著「管樂搖滾 BAR」主題 T 恤，在嘉義市火車站前噴水廣場架起的第二十九屆嘉義市國際管樂節舞台上強調，雖然新冠肺炎（COVID-19）使外國團隊不得不缺席，「但還是有來自台灣各地超過五十支、史上最多的行進隊伍參加『管樂踩街嘉年華』，把樂音傳遍嘉義市大街小巷！」

嘉義國際管樂節通常為期兩週左右，主要活動包括：室內外管樂表演、室外管樂隊形交換表演晚會，以及管樂踩街嘉年華。

管樂踩街嘉年華主角是嘉義市國中小各校的管樂、打擊樂、旗隊隊伍，加上全台學校管樂團與受邀而來的國際管樂團，在管樂節首日從嘉義市火車站前的中央噴水池廣場出發。

踩街隊伍一路步行經過嘉義市政府大樓、吳鳳北路、民族路、啟明路抵達嘉義市立體育場，全長約二到四公里。沿途馬拉松式的管樂、打擊樂演奏，旗隊花式演出，把嘉義市街道變成一條音符、色彩流動的「音樂街河」。兩旁擠滿向遊行隊伍歡呼、鼓勵、高舉手機拍照的民眾；有些人知道自家在遊行路線上，甚至會邀請親朋好友當天一起開「踩街嘉年華趴」。

踩街嘉年華讓原本以學生成果展現為主的管樂節，搖身一變成為嘉義市市民每年十二月最目眩神迷的美好回憶。

光榮和成就感成為學習動機

長期觀察台灣本土音樂、美感教育，曾有二十年國小音樂教師經驗的教育部十二年國教新課綱推動專案辦公室執行秘書洪詠善，她當老師時，曾數次帶學生南下嘉義市參加國際管樂節，對整個城市浸潤在音樂中的氛圍，印象非常深刻。

「嘉義市用結合表演藝術和音樂文化的國際管樂節，顛覆了『管樂只在音樂廳』的刻板印象，踩街嘉年華更是讓管樂成為日常生活的一部分，」洪詠善認為，當家長對管樂、音樂熟悉，就會鼓勵孩子學習，對培養新生代音樂素養有非常正面的影響。

李舜隆說，管樂節的踩街在嘉義市民心目中就像是「雙十國慶在總統府前遊行」一樣重要。父母看

到孩子穿得漂漂亮亮，舞蹈班揮舞大旗跳舞；音樂、管樂班有的擊鼓、有的吹奏樂器走過夾道人群、接受讚美，「孩子被看見的光榮和成就感，成為家長和孩子持續學音樂的強大動機。」

林立生則認為：「因為國際管樂節的浸潤，以及學校在踩街嘉年華展現的豐碩成果，嘉義市音樂藝術才能班甄選比其他縣市來得激烈。」

嘉義市學音樂小學生的「第一志願」崇文國小音樂班，管弦樂團有小提琴、中提琴、大提琴、長笛、豎笛、雙簧管、巴松管、小號、法國號、長號、打擊樂器……，學生從中年級徵選入班後除了在各自主修的樂器上精進，也利用合奏學習群體合作精神，蘊含音樂素養。一九九九年創立至今，已經孕育不少音樂人才，包括有「小馬友友」之稱的嘉義市青年管弦樂團成員馬家偉。

二〇〇三年成立南部第一支國小行進管樂團、二〇〇四成立管樂班的博愛國小，中、高年級四個管樂班有一百一十多位學生，被賦予培養結合音樂、空間、美術、律動與體育的行進管樂任務，以發展室外行進管樂為主。

「博愛國小出去踩街不只是旗隊、樂隊，還準備大型道具，有一年是一艘太空戰艦，有一年是一艘大船，」博愛國小校長張英裕笑著說，好幾次沿街遇到民眾舉起大拇指跟他說：「看博愛國小參加踩街嘉年華，都以為是美國南加州元旦的玫瑰花車遊行，有夠壯觀的！」

管樂也帶著博愛國小的孩子們踏出台灣，用音樂看見更大的世界。二〇一四年，博愛國小受邀參加上海之春國際管樂藝術節演出，黃敏惠特地包機和管樂團師生一起從嘉義水上機場出發，成為台灣第

一個受邀參加該藝術節的小學行進管樂隊，也是當年受邀團體中年紀最小的表演團體。

從音樂中培養合作與堅毅精神

經常在踩街嘉年華率先出場的南興國中管樂旗隊，則是全台少數在國中階段以銅管、打擊和旗舞三大元素組合而成的室外鼓號行進樂團（drum & bugle corps marching band）。

南興國中校長柯博議說，管樂班孩子正值叛逆的青春期，但卻願意投注大量精力和心力，不論烈日驕陽或寒風刺骨的天氣，在學校大草原集合練習；最近兩年因為新冠肺炎疫情，甚至得在烈日下戴著口罩練習，「每個人都晒出口罩痕，大人看了心疼，他們卻覺得是榮耀的象徵。這些從樂團培養的堅毅心性和意志、團隊榮譽感，都是孩子們成長茁壯的養分，讓他們變成不一樣的大人。」

「大家的目標只有一個，就是要完成一場又一場融合視覺震撼和聽覺饗宴的演出，」抬起下巴，難掩青少年的得意表情，九年級的管樂旗隊指揮秦德安露齒笑著說。

美國音樂教育專家雷默（Bennett Reimer）的《美感論》，強調音樂教學實踐，應該以美感經驗為考量，而美感經驗則由累積美感知覺而來。有了音樂美感經驗，悠揚樂聲開啟了感受的開關，孩子們便擁有對音樂的觀察力，進而懂得享受生活、欣賞生活中的美好，成為更好的人。

嘉義市以管樂，讓音樂藝術教育發揮了最大的意義。

渡也（詩人）：

一座充滿靈感的美學之都

清晨，當第一道曙光破雲而出，天際渲染上或深或淺的紫紅色，襯著遠方靛青色的山巒，整片天空就宛如一幅巨型畫作，鋪展在晨起運動的民眾眼前。

中午，來到廣達三．五公頃的森林之都，無邊際的綠色草原像張柔軟的地毯迎接著遊客；夜晚，順著蘭潭邊的步道，在習習涼風吹拂下，觀月賞星，沉澱一天的奔波疲勞。

這裡是嘉義市，阿里山腳下的檜木之都，也是孕育出陳澄波、林玉山等台灣知名畫家的畫都。嘉義市的發展是由工藝師的雙手雕琢成型、由浸染著顏料的畫筆勾勒繪製，躍然於台灣這塊土地上，嘉義市市民在深厚的人文底蘊滋養下成長。

當出身嘉義的詩人渡也第一次造訪湖子內公園時，懷著對大自然的感動，創作出〈耳朵

貼在湖子內土地〉的詩句：

〈耳朵貼在湖子內土地〉

請你來湖子內
你聽
土地在叫你

耳朵貼在湖子內土地
請你聽
花草樹木發芽的聲音
嬰兒的笑聲，鳥蟲的呢喃
風和八掌溪水在嬉戲
湖子內公園在歡呼

人們對美的反饋各有不同詮釋，或以美術、或以音樂、或以文字形式來抒發。嘉義市就

是一個如此充滿靈感的美學之都。

渡也相當推崇市長黃敏惠以「人文第一」為首要教育施政綱領，他認為，嘉義市幅員不大，但深具文化底蘊，形成這個城市的獨特性，具有發展為台灣文化之都的深厚實力。

不只如此，他也讚許，黃敏惠以熱忱、溫柔與全方位為市民著想的細心，再加上創意、靈活且拚勁十足的教育處處長林立生，這幾年，嘉義市政府透過科學168、日環食、國際管樂節等教育活動，用更多元的層次，觸及更多的人，把影響力「做大了」！

「除了活動，更應該將文藝融入生活中，」渡也認為，這樣做能將文化之都的層次再拉高。他建議，當公園處、建設處在翻新市內舊公園時，可以將原本單調乏味的施工圍籬，改造成為一條綿延數公里之長的文藝廊道，讓民眾從公園施工期間就開始期待。

同時，渡也舉美術館、博物館等場館為例，相關的人文素養均有具體場域，讓民眾與之親近；但反觀文學領域，除了推動閱讀活動外，如果能在嘉義市打造「文學館」及「文學步道」，讓民眾在散步、野餐或遊憩，一呼一吸間將美好或發人省思的文字烙印在心中，甚至可以進一步成為吸引外來訪客的文化觀光財，或許更能完整呈現嘉義文化底蘊，型塑城市獨一無二的特色與魅力。

第四章

學習，走出去

你的教室不是你的教室，
破除傳統的教室定義，
嘉義市的政策，是要帶著師生走出去。

誰說學習只能待在教室裡？二〇〇四年，聯合國教科文組織強調以課室外的學習方式來推動永續教育，一時之間，「走出教室之外的學習」成為全球教育備受矚目的新流派。

從歐洲的芬蘭、英國到北美洲的美國、南半球的澳洲，以及鄰近台灣的日本、香港等地，不約而同以「戶外教育」（Outdoor Education）呼應未來世代應該具備面對未來世界需求的能力。

以英國為例，早在二〇〇六年，英國教育部就頒布「課室外學習宣言」；二〇一〇年國會將戶外教育納入正式國家課程。

美國則是在二〇〇七年就開始推動《不讓孩子待在室內法案》（No Child Left Inside Act），期望藉由環境教育的推展，讓學生有更多機會在戶外進行學習。

什麼是戶外教育？

台灣也搭上這波國際教育趨勢。

二〇一四年，教育部發布「中華民國戶外教育宣言」，開啟戶外教育五年計畫；接著國家教育研究院設置「戶外教育研究室」，投入戶外教育的長期研究與發展。

二〇一九年，教育部更進一步發表《戶外教育宣言2.0》，以一〇八課綱接軌聯合國永續發展目標，融合歷史人文、學科知識、自然生態的戶外教育，讓學習走入真實世界，培養孩子具備迎向未來世界

的核心素養。

《戶外教育宣言2.0》開宗明義說：「好奇是孩子的天性，探索是生命的本能；戶外教育提供真實情境的體驗，喚起學習的渴望與喜悅，增進真情、善念、美感的多元學習價值，並營造萬物可為師、處處可學習的學習氛圍。」

到底什麼是「戶外教育」？

「簡單來說，只要是走出課室的學習，都是戶外教育，」國立師範大學公民教育與活動領導學系副教授兼系主任蔡居澤解釋：「讓孩子走出教室，重拾好奇心，結合五感體驗的融合學習，包括生態、冒險、在地、文化等領域，都可以是戶外教育的主題。」

走出課室外的學習

「課本能給孩子的太單一、太片段，學習不應該是這樣，」曾為人師的黃敏惠，深刻感受到傳統教育所提供的單向教授、無感背誦，她心有戚戚焉的說：「我夢想中的學習，應該是探索、體驗與發現的過程。」

此外，被教室框住的課程設計，本身就有許多限制，師生只能依照硬邦邦的制式課本內容傳授知識、記憶背誦，完全侷限住孩子們無邊無際的創意思維，甚至造成拿掉課本教科書之後，孩子不知道

如何找到問題的解答，在摸索過程中產生對失敗與不安的恐懼。

從第一次上任嘉義市市長，黃敏惠便努力讓夢想成真。

十多年後，嘉義市中小學教學現場已經出現完全不同的風景：戶外探索體驗教育讓「走出課室外的學習」成為教學常態，學生是學習的主導者，老師的任務是從旁引導，讓孩子獲得可以一輩子帶著走的能力。

在戶外探索的過程中，培養出孩子們的勇氣，敢於嘗試、享受成功也學會失敗，因為沒有正確答案，必須與團隊一起找出解方，也養成了溝通與團隊合作的態度與精神。

從環境中找到學習素材

從課程設計上，嘉義市戶外探索體驗教育有四大特色。

特色一，是以地方為本位的學習，強調在真實情境中學習的戶外教育，運用學生最熟悉的在地人、事、地、物來規劃課程，讓學習貼近生活，引發學習動機。

根據推廣地方本位教育多年的美國學者大衛・索貝爾（David Sobel）的觀點，他認為，「地方本位教育（Place-Based Education）是一種教學過程，運用在地社區與環境為起點進行教學。」這樣做的優勢，在於可以加強知識，有助於發展和社區間更強的聯繫、對自然環境的鑑賞，成為具有主動奉獻

精神的公民。

「嘉義市小小的，學生更要愛鄉、愛土，最適合推動地方本位教育，」教育處處長林立生表示，嘉義市面積只有六十平方公里，但地處熱帶、亞熱帶交界的嘉南平原心臟地帶，南邊流過八掌溪，動植物自然生態豐富，轄區內還有蘭潭水庫、檜河、嘉義農業試驗所，還是阿里山森林鐵路的起點，「這些豐富的地方特色都被運用在嘉義市的戶外探索體驗教育課程中。」

譬如位在八掌溪旁的興安國小，利用每年秋季八掌溪沿岸盛開的甜根子草或蘆葦草，讓孩子在溪旁布置茶席，擺上長長的桌布、茶壺、茶具，就是一堂結合地景、極具美感的生活課。

北興國中則因為鼓勵學生擔任學校旁頂庄社區推動的獨角仙復育計畫解說員，意外讓好幾個學習動機低落的孩子願意主動找資料、理解學科，戶外教育社指導老師兼理化老師林嘉慶驚喜之餘，進一步投入戶外探索體驗教育，和童軍、生物、輔導、國文及美術科老師組成跨領域團隊，設計「興敬自然」教案，將戶外探索融入環境教育和山野教育中。

南台灣第一個在校園裡引進定向越野運動的文雅國小，每年校慶都會安排全校師生健行到嘉義農試所、嘉義公園或是蘭潭水庫，以定向越野的主題式探索，讓學生在規劃路線、尋找檢查點的過程中，貼近日日生活的土地，在潛移默化中培育環境素養與對自然的關愛。

嘉義市的地理位置還有一個得天獨厚之處：坐落在玉山山脈腳下。天晴時，在嘉義市區的任何一個角落，都可以遠眺這座台灣最高峰，玉山一直在嘉義市市民的生活視線裡。

也因此，以「玉山」為校名的玉山國中，訂定「玉見名山」校本課程，課程主軸「探索玉山」分段設立目標：一年級到海拔二八五四公尺的玉山登山口「麟趾山」，象徵取得登玉山的入場券；二年級走過手腳並用的石瀑，抵達海拔三二三九公尺的玉山前鋒；三年級抵達海拔三九五二公尺的玉山主峰，十五歲孩子們站在台灣最高點俯瞰群峰，也看見不同的自我。

戶外教室刺激感官感受

特色二，則是要運用五種感官的體驗式學習，給學生多元刺激。教室內的教學難免偏重閱讀（視覺）與講授（聽覺）的學習模式，如能將孩子帶到真實的自然環境與社會人文場域進行學習，孩子的五感體驗能獲得更多刺激，感受也會更加豐富。

北興國中的「興敬自然」課程，便安排了「聲音地圖」單元，讓學生閉上眼睛，坐在微風吹拂的鳳凰木樹蔭下，仔細傾聽校園內的聲音，再用線條符號記錄聲音的方向、大小、感覺等；之後再進階體驗「獵人遊戲」，請學生蒙起眼睛當獵物，一旦聽見獵人的腳步聲，就「高舉雙手」做為保護傘，讓獵人不得靠近獵物，促使學生同理林間動物必須隨時保持警戒，對聲音也必須更敏感才能存活的焦慮。在課程尾聲，則是將孩子帶往社區與自然山林，希望他們能透過課程培養出覺察與反思的能力，和他人與環境建立更良善的關係。

「孩子五官敏銳度、感受度增加了，處理事情的能力也會不一樣，」林嘉慶說，強調五官體驗的課程設計，給了孩子不一樣的學習經驗，讓他們有機會找回五感，以及最簡單的自己。

讓孩子回歸學習的主角

特色三，是以學習者為中心，並促成自主學習。戶外空間跳脫傳統教室框架，引發學生的好奇與探索興趣，最適合營造「以學生為中心」的教學模式。

文雅國小五年級的諸羅城走讀巡禮，利用定向越野中的「照片定向」，帶孩子到城隍廟踏查，就是最好的例子。

文雅國小校長沈煥東說，往常孩子們到博物館、古蹟參訪，導覽老師解說時總見孩子們心不在焉、提不起興趣，「後來我們想，與其單向導覽，不如利用文雅最擅長的定向活動，把學習的主動權還給孩子，讓他們自行探索。」

老師先拍下想讓學生探索的城隍廟文物細節、設計定向活動，果然獲得極佳迴響，每個孩子對城隍廟的歷史脈絡、重要文物如數家珍。

嘉義市領先全台，由地方政府設置、占地七．五公頃的南興國中第二校區——探索體驗學校，同樣是將學習的主角還給學生，老師、教練從旁引導學生進行的戶外冒險、探索學習，在冒險挑戰中建立

自信、激發熱情、發揮潛能、增進人際關係與團隊信任。

學習如何「跨」出去

特色四，則是跨學科、跨領域的整合學習。真實世界的知識通常不分學科，而是整合運用，並透過溝通、合作達到解決問題的目的。同樣的，戶外教育活動不僅應該和課程連結，更應該是跨學科、跨領域的整合性學習。

文雅國小的定向越野課程發展成熟，和每一個科目都能產生火花。資訊老師讓小學生用 Scratch 程式幫空拍機設計飛行路線，玩空拍機版的定向活動；教孩子用程式設計讓機器人走定向路線，參加嘉義市每年暑假舉辦的科學 168 教育博覽會。

英語領域老師結合定向活動教英語，孩子在檢查點成功打卡後，蒐集單字，並小組合作利用單字造句；自然老師甚至將定向越野入考題，學生得邊跑邊解題，找到指定的植物特徵才能做答得分，學生雖然跑得氣喘吁吁，卻覺得從沒寫過這麼有趣的考卷。

「平時坐在教室裡聽地理老師介紹等高線地形圖，學生總是呵欠連連，感覺距離自己非常遙遠，甚至還有人說：『我用手機的 Google Maps，跟導航走就好了，看地圖太老套！』但是當學生身處沒有網路的山林進行課程時，就會發現等高線地形圖、指北針比 3C 裝置更好用，」林嘉慶笑著說：「孩

子們才理解學校學的知識原來在生活裡用得上，也才知道所學為何。」

戶外探索體驗教育讓「上學」變得完全不一樣，不只嘉義市中小學生很有感，就連黃敏惠也有同樣感受。

「我們每個人都在中學時學了物理的槓桿原理，但卻從來沒有在生活中體驗過，」黃敏惠到南興國中探索體驗校區參加落成典禮時，親自體驗低空繩索，也走過平衡木，完成人生中第一次的體驗式學習後笑著說：「走出教室，回歸到真實的生活情境中學習，考卷、分數不再是唯一的跑道和標準，學習更有感！」

從探索中挑戰不可能

在南興探索體驗學校中，
學會自我覺察，發現那個讓自己驚喜的自己。

「不要緊張，快到了，加油！」

「重的人先上，女生、男生中間要穿插。上面的不要怕，我們在下面拉著繩子保護你們。」

聽起來還正在經歷變聲期的國中孩子們此起彼落的加油吶喊聲，迴盪在嘉義市東區的南興國中第二校區——探索體驗學校。

這個全台灣第一座由地方政府設置、二〇一七年落成的探索體驗學校，是嘉義市市長黃敏惠二〇一三年第二任市長任期內，向教育部爭取一億元補助經費興建而來。

無論是探索體驗學習（Expeditionary Learning）或是冒險教育（Adventure Education），都已經在

歐洲、美國盛行多年，而台灣從二〇一六年教育部成立戶外教育推動小組後，針對戶外教育、探索體驗的課程設計，同樣風起雲湧。

這股風潮從台北市的公立小學，到全台各地的私立小學，紛紛將探索體驗教育納入正式課程，抑或籌備探索體驗學校，都是希望透過有趣的方式，讓孩子學會問題解決能力、培養面對問題的正能量，也要有合作、溝通、同理心及團隊精神。

「嘉義市的孩子也應該被好好照顧，」卸任台北市教育局局長後，被黃敏惠延攬到嘉義市擔任副市長的李錫津，將他在台北市的「心教育」概念帶到濁水溪以南；他當時提出的《教育政策白皮書》就是希望在嘉義市成立一所由地方政府設立的探索體驗學校。

「這是一種教育平權理想的實踐。不論家庭環境如何，所有的孩子都要有相同的機會在各種情境中學習，養成面對未來挑戰的能力，」李錫津當時這麼說。

南興探索體驗學校希望透過有趣的方式，讓孩子學會問題解決能力，培養出合作、溝通、同理心及團隊精神。

藉由探索體驗課程，孩子得以突破
自身限制，勇敢面對挑戰。

探索體驗學校落成後，交由南興國中代管，嘉義市政府教育處全額補助教練費用，只要是在嘉義市就讀的國中小學生，都曾經踏進園區體驗。

學會自我覺察與面對挑戰

「來探索體驗學校不是像去九族文化村、劍湖山世界這些主題樂園一樣，玩大怒神、雲霄飛車尋求刺激，刺激一過什麼都沒有了，」南興國中校長柯博議強調：「探索體驗課程是希望孩子有所收穫，在過程中得到終生受用的能力。」

所謂「終生受用的能力」包括：自我覺察、面對挑戰的態度和勇氣。

以中學生又愛又怕的高空繩索為例，柯博議觀察：「當你可以爬到自己設定的目標，甚至進一步往後面挑戰的時候，就突破自我了！」

而這樣突破自身限制的經驗，往往帶給學生很大的成就感。

柯博議發現，青春期的孩子們將探索體驗課程中所累積的經驗、和自己對話的過程，以及小組團隊合作建立的信任感，帶回學校班級、回到家裡，「每個人都變得很不一樣。」

「我終於下來了！剛剛站在三層樓高的繩索上，腦筋一片空白，唯一支撐我勇敢踏出每一步的信念，是底下同學們的加油、打氣聲。謝謝你們！」這是參加完探索體驗課程後，一位南興國中八年級

女生，面對老師錄影鏡頭時紅著眼眶對同學說的話。

體驗何謂「生命共同體」

南興國中第二校區——探索體驗學校設置了多達三十二項擁有國際認證的高低空設施，包括高達十五公尺的攀岩塔、蜘蛛網、高空繩索、大溜索，每項都有教學規劃及引導反思。

柯博議解釋：「透過探索體驗後的反思與回饋，可以引導學生進行更深層意涵的思考，來提升整合與延續學習效力，是探索教育和團康、登山、越野等冒險活動有所區別之處。」

以分組進行的低空活動為例，獨木橋、賞鯨船、擺盪平衡木等器材，是希望養成學生溝通、傾聽、互助合作的能力，小組成員必須經過不斷討論、修正，考慮每個隊員身體狀況、擅長優勢及弱點，才能擬定策略，共同完成挑戰，無形中凝聚班級向心力，培養創造力、自信心以及同理心。

「為了要全組一起通過獨木橋，我們一直想著如何在有限空間中調換位置。吼，一點點不注意，就有人掉下去，得全部重來……」才完成任務的國中男生興奮的分享：「我算一算，我們這組一共失敗了十幾次耶！每次都有人撐不住掉下去，我的腳都快抽筋了。」

中途有人說要放棄嗎？國中男生想都沒想就大力搖頭，說：「完全沒有！我們一次又一次的嘗試，沒有人說要放棄。」

「探索教育是一種主動的經驗，」柯博議看著站在像是蹺蹺板的賞鯨船上的二十幾個孩子，試著讓兩邊平衡的模樣，笑容滿面的說：「孩子們在這裡體驗什麼是『生命共同體』，相互扶持，彼此鼓勵。」

面對恐懼依然勇敢前行

問平均十四歲的國中生們，這次的探索體驗最難忘的是什麼？

有人說：「我看到同學跟平常完全不一樣的地方。像是在班上很安靜內向、不太說話的同學，竟然一口氣爬到十五公尺的攀岩塔，是全班最勇敢的人！在高空中要跟地面上的同學溝通時，也能有條不紊，講得好清楚。」

也有人說：「在高空中一個人走到中間，窄窄的木板一直搖晃的時候，其實我心裡超害怕，但當對面同學也走到中間，伸出手拉住我的那一剎那，我才知道原來不用說話，只要這樣一個小小的動作，就能給我好大的安全感。」

還有人說：「從高空回到地面之後，我覺得我好像長出了一對勇敢的翅膀，因為我克服了恐懼。知道自己可以完成的感覺，真好！」

讓孩子了解自己，覺得自己有無限的可能完成不可能的事，面對恐懼依然選擇向前行。這就是走出課室外的探索體驗教育對孩子最大的意義，也是嘉義市教育的現在進行式。

定向越野
看見不一樣的世界

從定向運動中，見微知著，
養成分析、思考、勇於挑戰、探索世界的個性。

「這裡、這裡，我找到這個殘障廁所標誌了，」二年級小女生抬起頭，指著比她身高高出半個頭的藍色標誌，一邊把代號寫進手上的地圖，一邊揚起手招呼同學一起來打卡。

校園另一個角落，幾個小男生也發出「耶！」的歡呼聲，因為他們在校園到處找，繞了好幾圈，終於在天文走廊的星象盤上，找到最後一塊景物照片裡的實物，「趕快打卡，衝回終點！」

這是嘉義市文雅國小今年五月上旬「二〇二二世界定向日」（2022 World Orienteering Day, WOD）低年級活動的一部分，主題是讓低年級學生從校園特殊或常見標的物的細微特徵放大圖中，尋找實景，使孩子對熟悉校園展開全新的認識。

隔了幾天的午後第一堂課，同樣在文雅國小，這次是高年級的獨輪車迷宮定向競賽。

高年級組今年的主題是「聯合國永續發展目標」，學生們得將老師才剛剛在社會課上教過的學科知識拿出來解題。題目像是：「聯合國總部位於：A.紐約；B.倫敦」或是「捐贈食物給貧窮有需要的人，可以達成什麼目標？A. SDG 5 性別平等；B. SDG 2 終結飢餓」等等。

高年級孩子騎著獨輪車，熟練的穿梭在紅色三角布旗和板凳布置而成的迷宮陣裡，不但得注意騎車全程不能落地，還得迅速用套在食指上的電子指卡作答，才可前進下一站，由最短時間內完成所有題目者勝出。

讓世界看見嘉義市

根據維基百科說明，起源於瑞典的定向運動，是一種透過地圖、指北針及導航技巧，由某個地點引導到下一個地點的運動。主辦單位會提供參與者特製的定向地圖，參與者必須找到地圖上所標示的檢查點。

定向運動起初是由軍隊訓練演變而來，如今已有各種不同類型，其中最普遍的是徒步定向，也有結合自行車、滑雪及獨木舟等不同形式，是一種結合智力與體力的運動，為世界運動會的競賽項目之一。

鏡頭轉回到嘉義市文雅國小，結合獨輪車和定向越野兩項運動，對剛剛轉學過來沒多久的六年級女生阿菲有些難度，看得出來她很緊張，騎起來搖搖晃晃不太穩，但還是在兩旁同學加油打氣的鼓勵聲中完成賽事。

「阿菲，妳超棒的！」阿菲回到終點的那一刻，全場歡呼，氣氛 high 到最高點。

看著孩子們合作、彼此鼓勵，沒有一個人輕言放棄，文雅國小校長沈煥東笑成了瞇瞇眼，「定向越野讓文雅的孩子，很不一樣，」他驕傲的說。

總部設在瑞典的國際定向聯盟，二〇一六年將每年五月中訂成為期一週的「世界定向日」，以創造最多人數同時參加的世界紀錄為契機，在全球各地舉辦各式各樣的定向活動，最高紀錄是二〇一九年的三十九萬人次，連南極洲也有活動舉行。

同樣也從二〇一六年開始，和瑞典飛行距離有八千三百多公里遠的嘉義市文雅國小，一到六年級學生每年都會參加世界定向日，甚至在二〇一九年以「全球首創的獨輪車定向活動」，登上世界定向日官方臉書社團。

當時文雅國小學生騎著獨輪車走定向迷宮的照片，引起全球定向越野粉絲的熱烈討論，丹麥網友留言：「這真的太酷了，給了定向越野運動全新的靈感！」；一位保加利亞外科醫師留言：「我覺得在醫院用獨輪車走定向迷宮也不錯！」；還有澳洲網友留言：「定向越野已經是個高難度挑戰了，台灣孩子們竟然還可以邊騎獨輪車邊進行定向？未免太厲害！」

「來自台灣嘉義市的文雅國小」在全球定向越野運動界一炮而紅。

智者的運動

時間回到二○○九年。當時任職文雅國小教務主任的楊勛凱（現任精忠國小校長）在高雄市世界運動會場，對參加定向越野比賽的外國選手在樹叢後方「跳進跳出」好奇不已，湊近一看卻被突然現身的裁判要求離開，才知道自己誤闖了定向越野賽的「檢查點」。

「這項運動很有趣，選手手指上都帶著『電子指卡』，碰觸感應器後馬上離開，繼續邊看地圖，邊尋找下一個檢查點，」楊勛凱一頭栽進定向越野的世界裡，曾獲得台灣定向越野比賽冠軍，他認為定向越野非常適合在校園內推廣，於是在二○一○年報名參加中正大學舉辦的裁判、教練培訓，親自設計路線、題目，帶著文雅國小學童在校園內玩定向活動。

楊勛凱說，定向越野必須體力、智力並重，被稱為「智者的運動」，選手除了要看得懂地圖，還得有冷靜思考及判斷路線的能力。

「在網路導航盛行的年代，孩子們都認為看地圖不重要了，就沒有學看地圖的動機，」在文雅國小一群同事的熱烈支持下，定向越野很快被帶進校園；楊勛凱發現孩子們很快就找回方向感，「只要一張地圖，世界便通行無阻。」

文雅國小第一次在校園內「玩定向」，是小一的迎新活動。老師們將學校地圖畫成簡易版「定向越野尋寶圖」，設了校長室、圖書館、健康中心、操場、遊戲區、禮堂、廁所、一年級教室等新生入學最常使用的場域，讓新生認識校園。

「以往各處室老師帶著新生沿途講解，孩子常常一下子就恍神，」學務主任黃文弘觀察，經過新生定向活動，小一新鮮人開學後很快就對學校非常熟悉，大大縮短適應期，也成了文雅國小新生最期待的入學活動。

不僅在校園內，楊勛凱也在每年暑假於嘉義市舉辦的科學168，帶領一群精忠國小及中正大學熱心於推動定向越野的夥伴們，在戶外展場辦理不同型態的定向越野體驗賽，讓更多的民眾有機會以正式比賽的規格，享受這項運動所帶來身心舒暢的樂趣。

就在前年暑假，他們在科學168活動中配合故宮南院的夜間無人機表演，在港坪運動公園辦理南台灣有史以來第一場夜間迷宮定向活動，當天晚上吸引了一千多人同時參加這場賽事。從楊勛凱開心回憶這場活動的眼神裡，彷彿還能看到當晚天上、地上同時螢光熠熠的盛大場面。

定向越野結合課程設計

文雅國小也將定向越野融入教學課程。

文雅國小大力推行定向越野，培養學生解讀地圖、冷靜思考及判斷路線的能力。

譬如，五年級社會課的諸羅城走讀巡禮，社會領域老師結合定向越野團隊，帶學生到嘉義城隍廟，以照片定向（Photo-O）的方式，選擇老師想要學生學習的城隍廟文物或區域，拍照後將目標物內細微的特徵放大，做成圖檔，附上城隍廟平面圖，設計成城隍廟裡的定向活動，引導學生仔細觀察預先規劃的景點、文物，不但激發出不一樣的文化內涵，也具備深入觀察古蹟的實質意義。

不只社會課，文雅國小部定國語課、數學課、雙語課程、程式設計、生活領域課程等，都因為結合了定向越野，變得更活潑有趣；甚至連校訂課程也結合了國際文憑小學課程（International Baccalaureate Primary Years Programme, IB PYP）六大跨域主題精神，融入定向越野，展現亮點特色。

文雅國小甚至讓學生帶著定向越野踏出台灣，和世界交流。

跨出台灣，走向世界

二〇一二年開始，文雅國小一批「定向越野小小外交官」成為全世界中小學生到南台灣訪問交流時的接待團，以小教練之姿，帶領來自美國、中國大陸的參訪團體驗定向越野；二〇一五年至今，每年固定到日本金澤市四所小學進行定向越野教學，拓展國際視野外，更扎實訓練孩子溝通、同理、解決問題的能力。

「世界很大，教育現場沒辦法教孩子未來，但我們教他們面對未來的關鍵能力，」看著文雅國小孩

子一屆、一屆愈來愈不同，沈煥東認為，定向越野最重要的就是面對未知挑戰時的探索，「從拿到地圖後冷靜分析、規劃、解決問題、完成任務，都是孩子和自己對話的過程，」而孩子們也因此養成了靈活思考及樂於挑戰的能力，更有勇氣面對未知的未來。

目前就讀逢甲大學的定向越野亞青國手馬金言，就是最佳案例。

他是文雅國小的校友，因為小學的定向越野經驗，讓他和這項運動結下不解之緣。馬金言說：「定向越野是自己跟自己的比賽，教會了我自我覺察的能力，也讓我找到人生的方向。」

馬金言中學開始代表台灣征戰國際，也將代表嘉義市參加二〇二二年全民運動會的定向越野比賽。他在個人臉書上分享自己參加定向越野比賽的心得感想時，總不忘置入「# 文雅人」、「# 定向人」的主題標籤。當年那顆在文雅國小種下的定向越野種子，正在他的人生旅途中開枝散葉。

傳承永不放棄的 KANO 精神

透過運動競賽，孩子們學到堅持面對挑戰的精神，傳承 KANO 精神，更是嘉義市教育的使命。

在二〇二〇年新冠肺炎疫情之前，嘉義市每年十二月中旬左右，總會湧進兩百多支來自全台各縣市，以及十多支來自日本、香港、新加坡的少棒隊伍。這群膚色黝黑、永遠咧嘴笑得露出潔白牙齒的十幾歲棒球選手們，全都是為了為期一週、兩百多場的「諸羅山盃國際軟式少年棒球邀請賽」而來。諸羅山盃是全台灣最重要的國際少棒邀請賽，從一九九八年開始舉辦至今超過二十年，始終是嘉義市主力推動的運動賽事。

「嘉義市是棒球的原鄉，」嘉義市市長黃敏惠最喜歡在週末假日的午後到球場上看孩子練習打棒球；平時校際間的少棒友誼賽，也經常看得到她觀賽的身影，「這些孩子們，為嘉義市的 KANO 精神注入

更多『原力』。」

「天下嘉農」是嘉義人常常提起的驕傲，那是一段台灣棒球的歷史；而 KANO 就是嘉義農林棒球隊的日語簡稱。

KANO 精神必須傳承

嘉農是嘉義大學的前身，嘉農棒球隊一九三一年第一次代表台灣出征日本甲子園，便一路挺進總決賽，與日本愛知縣的中京商（現為中京大學附屬中京高校）激烈纏鬥。

雖然嘉農最終以零比四敗給中京商，但拿下準優勝（亞軍）的拚鬥精神、耐戰韌性，引起日本棒壇極大讚譽；日本媒體以「KANO 精神」形容台灣人不放棄的毅力及生命力，甚至給了「天下嘉農」的美譽。

當時日本球評家飛田穗洲對嘉農棒球隊是這樣評論的：「異軍突起於台灣某個角落的 KANO，在一群不容忽視的對手中，盡情展現如獅子般的奮勇精神，無視於其他作戰經驗豐富隊伍的鬥志，真是令人讚不絕口……，而當夕陽餘暉下的日本甲子園球場，目送參賽的青年勇士們帶著球場一把沙土離去時，KANO 選手們在球場上奮戰的震撼場面，仍然一一浮現在我們眼前，直到永遠……」

從那時起，嘉農成為台灣棒球運動濫觴，傳承「KANO 精神」便成了嘉義市的使命。

一九九八年，在當時嘉義市市長張博雅全力支持下，第一屆諸羅山盃國際軟式少棒邀請賽開打，全市小學生都以「打棒球」為第一志願，當年每一所國小都成立自己的少棒隊伍，嘉義市也創下全台首例，可說是孕育全台棒球好手的搖籃。

二〇一四年，由嘉義市政府補助、魏德聖監製、馬志翔導演的國片《KANO》上映，票房突破三億四千萬元台幣，嘉義市政府將嘉農威震甲子園的八月二十一日訂為嘉義市棒球日，帶動少棒熱度。「到嘉義市打諸羅山盃少棒賽」成為全台少棒選手「小學畢業前一定要完成」的夢幻心願，二〇一九年底有二四一支台灣及外國球隊參加當年的諸羅山盃少棒賽，寫下紀錄。

面臨式微困境

然而，儘管有著華麗的數字，這個曾經全市每所國小都有棒球校隊的榮景，依然不敵少子化衝擊以及其他運動興起、升學主義的現實，面臨困境。

同時身兼民族國小教師、體育組長與少棒隊教練的林忠興，二〇〇三年開始帶著民族國小少棒隊征戰全台，曾經拿下全國分區賽中區冠軍，是嘉義市少棒界有名的「熱血教練」，對嘉義市少棒運動近年來的式微，非常有感。

二十年來看著嘉義市國小棒球校隊從全盛時期一路衰退，現在只剩下包括歷史最悠久的垂楊國小少

「到嘉義市打諸羅山盃少棒賽」成為全台少棒選手「小學畢業前一定要完成」的夢幻心願，二〇一九年底有二四一支台灣及外國球隊參加當年的諸羅山盃少棒賽，寫下紀錄。

棒隊，以及民族、興嘉、世賢、博愛國小在內的五支少棒隊，每次談起這個話題，林忠興語氣中總是難掩失落。

「僑平國小出了好多職棒選手，但參加棒球隊的孩子人數不夠，說收就收，」林忠興嘆了一口氣，繼續說：「崇文國小孕育許多嘉義在地球員，也因為招生困難，收了……」

從極盛時期一路下滑，嘉義市少棒運動遇到了什麼困難？

林忠興坦言，學校要維持一個棒球隊必須克服許多主觀和客觀因素，例如，若和可以待在體育館場內吹冷氣的籃球、羽球、桌球相比，要孩子頂著大太陽、汗流浹背、全身髒兮兮的打棒球，「家長通常會考慮很多。」

而棒球必須九個人才能成賽的團隊運動性質，遇上球員放學後得去安親班，無法配合球隊練習時間的現實，因此離開球隊的孩子不在少數。

各球隊教練只能咬緊牙關，想辦法維持球隊運作。

以民族國小為例，林忠興苦笑說自己「把魔掌伸向中、低年級學生」，只要有興趣都可以加入球隊，和以往少棒隊主力都是高年級學生相比，目前民族國小少棒隊是一到六年級的混齡球隊，全隊十幾個孩子包含三個一年級、兩個三年級，「由於年紀太小，出賽有一定風險，加加減減可以上場比賽的只有十一、十二個。不只民族，現在嘉義各支少棒隊，都和我們相去不遠。」

「為了讓家長點頭答應孩子加入少棒隊，」一位民族國小少棒隊球員的媽媽透露，「忠興教練每天下課後，甚至先把球隊孩子聚集起來寫功課、幫孩子複習考試，才開始練球。」

而僅存的五支少棒隊孩子們，上學日把握早自修、午休、放學後的幾個小時，各自在校園內練球，週三下午或週末就聚集在一起打友誼賽，從未間斷。

嘉義市的少棒隊員和教練們努力突破困境，不正是 KANO 的精神嗎？

以 KANO 精神振翅飛翔

「『KANO 精神』就是無論如何都不放棄，」曾經是垂楊國小少棒隊球員的前桃園航空城棒球隊投

手陳申宸，二〇一五年回到母校擔任少棒隊教練，就是要將 KANO 精神和球技傳承給小學弟妹們，並成為他們的棒球啟蒙老師。

「我從孩子們身上看到當年那個小小的我，」一邊看著場上成功滑壘的小球員，陳申宸一邊笑著說：「陪他們打出第一支安打、完成第一場比賽，就是最大的成就感。」

林忠興不諱言，加入棒球隊的孩子經常是被班導師「丟包」的「高拐」（台語，指「難搞」）學生，有些學習成就低落、不想念書，而球隊能讓這群弱勢學生找回自信，甚至有機會因為打棒球而翻轉人生。

二〇二二年五月中，剛剛以先發投手之姿替台北北投國中拿下一一一學年度國中棒球聯賽女子組首勝的八年級女生莊宜蓁，就是代表民族國小參加諸羅山少棒賽時，被北投國中壘球隊專任教練相中而北上台北打球。

「國小畢業就離鄉背井當然很辛苦，」林忠興當時鼓勵莊宜蓁勇敢接受挑戰，「機會很難得，一定要堅持下去。當上國手、教練、防護指導員，人生就會從此不同，」經過第一年（七年級）的調適，莊宜蓁很快在異鄉嶄露頭角，但每當放長假，她一定會回嘉義陪學弟妹們練球。

無論已經是教練的陳申宸，或是還在棒球、壘球路上奮力衝刺的莊宜蓁，還有許許多多跟他們一樣的嘉義孩子，都正在以 KANO 精神振翅飛翔，也都沒有忘記隨時回「嘉」，將 KANO 精神傳承下去。

棒球，讓嘉義孩子更棒！

蔡居澤（國立台灣師範大學公民教育與活動領導學系系主任）：

從生活中實踐的學習模式

二十世紀初，美國知名哲學、教育家約翰・杜威（John Dewey）提倡「從做中學」（Learning by doing）的體驗式教學，認為親身去看、去聽、去聞，透過持續的體驗形成自己的學習體系，比課堂內的學習更重要。

這樣的理念，也成為台灣探索體驗教育的主軸。

「聽過，但還是會忘；看見了，才容易記得；去做了，就明白一切；唯有親身體驗，才是最佳途徑，」國立台灣師範大學公民教育與活動領導學系副教授兼系主任蔡居澤，在美國印第安納大學攻讀休閒行為哲學博士學位時，看到當時美國如火如荼發展結合戶外、探索、體驗教育的外展教育（Outward Bound, OB），眼睛為之一亮，回到台灣後便致力發展

探索體驗教育，至今將近三十年。

隨著台灣教育擺脫傳統框架，從講求能力指標的九年一貫，到一〇八課綱時代的素養，台灣的探索體驗教育終於有了不同樣貌，「不再是當年那個總被國文、英文、數學老師借走的附屬學科地位，」蔡居澤說。

「我們的教育正在從標準課程時代轉變到理解式學習，」蔡居澤認為，學會知識技巧只能稱為「了解」，能在生活中應用變成「能力」稱為「理解」，但還要加上正確的態度、在生活情境中學習牽引展現能力，才叫做「素養」。

一輩子帶著走的素養

這樣的教育方式，經過蔡居澤、台灣外展教育發展基金會執行長廖炳煌等人的推展，近年來在台灣備受關注，週末、寒暑假營隊經常一開放報名就秒殺。

愈來愈多標榜「探索體驗、突破自我、挑戰極限」的營隊，家長該如何選擇？

「探索體驗教育不應該在體驗完後就結束。所謂學而不思則罔，思而不學則殆，」蔡居澤強調，完整的體驗教育應該包含「體驗」與「反思」，「缺少體驗或反思任一面向，都將失去探索體驗、自我挑戰的意義，只是好玩、有趣的團康活動。」

他以體驗教育經常以呼拉圈進行的「小圈繞大圈」為例，活動設計學生手牽手圍成大圈，藉由身體移動讓呼拉圈穿過每個人，穿過時必須想辦法接住、通過後還要跨腳，才能完成傳遞。孩子除了得向別人低頭「接」呼拉圈，也得「給」出呼拉圈，經過不斷確認、溝通、協調，才能讓呼拉圈在指定時間內完成傳遞。

在短短十幾分鐘的體驗活動後，老師或教練引導學生進行「反思」，討論從呼拉圈中學會了什麼事情？

孩子會說：「我要低頭才能很快接到呼拉圈，不能頭高高的等別人配合。」、「我要知道接不到的障礙在哪裡？如何解決？」、「我學到先觀察別人怎麼傳給我比較容易接到，我傳給別人時也要這樣做，對方才好接。」

「這些謙虛、包容、接納、感同身受和同理心的學習，平時在課堂上、教科書裡教過好多次，但總是淪為無感學習……，但探索體驗活動實踐後，就能成為孩子一輩子帶著走的素養，」蔡居澤說。

在陌生環境中自定航向

經濟合作與發展組織（OECD）公布的「學習羅盤2030」（Learning Compass 2030），

梳理未來世代至關重要的能力，提到：「不只是如何獲得知識和技能，還包括如何利用知識、技能、態度與價值觀，實現在陌生環境中的自定航向（Navigating Oneself），進而找到應對未來複雜且不確定世界的方法，實踐自身、社會及全球福祉。」

「簡而言之，未來孩子除了基本學習能力，更重要的是在生活情境中體驗、實踐，然後養成面對未知挑戰、解決問題的能力，」蔡居澤露出笑容說：「這不都是我們正在從探索體驗教育中，手把手傳承給孩子的嗎？」

第五章

培養跨領域人才

未來的教育，應該讓孩子保有好奇心與探索力，
找到自己與世界的連結，進而創造未來。

高懸天際的豔陽，晒得人幾乎睜不開眼睛；坐在教室裡的孩子，個個汗流浹背，頭頂上的電扇嘎嘎作響，卻依舊只吹出溫熱的微風，無法讓孩子冷靜下來專心學習，老師不得不啟動冷氣，暫時解決孩子們眼前暑熱難耐的難題。

但是，一波波熱浪背後所隱藏的氣候變遷與能源危機等問題，依舊懸而未決。氣候變遷帶來的南極融冰、島國消失等危機，加劇了全球的極端天氣，牽涉環境、政治及經濟等跨領域範疇，難以被一刀切成獨立的專業看待，能源危機等問題亦然。由不同來源所組成的複合式問題，正是孩子們所要面對的未來世界。

可是，想解決「跨領域」的問題，孩子們必須具備「跨領域」的能力，透過整合不同學科的歷程，找出背後通用的思考策略，內化成為帶得走的能力，才能在瞬息萬變的未來，找到自己的定位。

以多元創新取代單向學習

但現行的教育制度源自於十八世紀工業革命，為了使人人都能受教育，教育從貴族階層的菁英制度，轉換為培養出源源不絕勞動力的生產線制度，注重的核心概念就是一致性與標準化。

兩百多年後，面對工業4.0革命浪潮來臨的世界，注重的是多樣化與彈性，無論是英國廣播公司（BBC）到美國勞動部都預測，未來有六五%的工作必須重新發明。戴爾未來研究中心則估計，到

了二〇三〇年，將有高達八五%的工作現在根本不存在。

因此，身為家長的我們，是否應該思考，當我們用二十年前的觀念來規劃孩子的人生，讓他們去面對二十年後的世界，是否還能跟得上世界變化的腳步？在學校端，則應該思考，過去注重讀（reading）、寫（writing）、算（arithmetic）的3R能力，是否足以應付日趨複雜多元的環境、新形態的工作和生活？

哈佛大學變革領導中心主持人東尼・華格納（Tony Wagner）提出，未來人才必須擁有四項關鍵技能：批判性思考（Critical Thinking）、溝通協調（Communication）、通力合作（Collaboration）、解決問題的創意（Creative Problem-Solving）。如果校園課堂還停留在單向給予標準答案，永遠沒有機會培養出思辨整合、溝通表達等跨領域整合型的未來人才。

因此，未來教育的樣貌，將以多元創新取代制式單向學習，希望保有孩子的好奇心、探索力，教學時運用科技或營造真實情境，提供跨領域、生活化的統整學習，注重有效溝通、團隊合作，以及結合家長的資源與力量，幫助孩子探索人生、找到自己與世界的連結。正如同管理大師彼得・杜拉克（Peter Drucker）所說：「預測未來最好的方法就是創造未來。」

考古 VS 文學，再現「嘉義傳說」

看似學術性質高、難以親近的考古成果，透過課程設計與文學演繹，讓一般大眾也能輕鬆理解與接受。

「這邊又有發現」、「請現場媒體拍攝時不要開閃光燈喔」，伴隨著急駛而過的火車汽笛聲，考古人員戴著手套小心翼翼的挖掘著，旁邊大批媒體圍觀，搶著一睹「嘉義第一人」。

二〇二一年二月，正在進行鐵路高架化工程的嘉義市嘉北站工區南側，雜草叢生的荒地上，外包施工單位正在進行開挖作業，挖出部分陶片，引發考古學界關注；五、六月時，又在鐵軌旁挖到史前墓葬，吸引大批考古人員進駐，不久，兩具呈俯臥狀、雙手反背在後，並排對望的人骨遺骸，在考古人員的挖掘下，重見天日。

到了九月七日為止，「台斗坑文化遺址」已挖到五具距今約兩千五百至兩千七百年前的先人遺骸。

負責挖掘、考古計畫主持人顏廷伃指出，這是嘉義地區遺址首次開挖出先人骨骸，「這些先人是最早的嘉義人，」顏廷伃說明，這些發現對嘉義地區的歷史研究意義非凡。

以文學作品闡述考古成果

顏廷伃特別舉辦了一場說明會，邀請附近居民以及有興趣的民眾參加，實地探訪開挖現場，進一步了解台斗坑遺址對嘉義市的歷史價值。這場活動甚至吸引了前嘉義市副市長李錫津前往參加，這天下午，他跟著民眾一同懷著興奮期待的心情、腳下踩著高低不平的泥土地，前往遺址現場。

抵達現場往前一望，眼前一公尺深的土穴，在探照燈白熾光線照射下，兩具距今兩千五百年前、一男一女的人骨遺骸，就這樣靜靜俯臥著，眾人屏息觀看，就怕驚擾了先人的安寧。這份震撼也讓李錫津有感而發的寫下詩作向先人致敬。

「考古代表一個城市的歷史記憶，台斗坑的遺骸出土，讓我們驚覺嘉義人的根遠比我們所想的還要更長，這也給了我們一個想法，希望將這份感動延伸到教育現場，讓學生能夠因為了解，進而認同自己存在的深度與價值，」李錫津說。

因此，嘉義市政府教育處舉辦了全國首場考古融入課程論壇，嘗試為嘉義市學子發想跨領域課程的內涵，希望連結嘉義市在地歷史與聚落文化的關係，並試圖從中找出想像、故事、科學與人文，從跨

透過考古融入課程論壇，嘉義市政府教育處希望將「台斗坑文化遺址」的歷史、文化延伸到教育現場，發掘更多跨領域課程。

域想像中為課程注入在地文史的活水。

首次接觸考古遺跡、遺骸等主題，也激發出國中小學生不同的理解與創意，以台斗坑遺址為主題，發表不同的跨域延伸活動。

譬如，崇文國小學生朗讀詩人渡也特別為此創作的新作品〈嘉義傳說〉；並且表演 Remember me 舞蹈，活潑生動；搭配現場展出由蘭潭國中師生創作的「骨頭面具」，展現出即使是相對嚴肅的考古議題，也能有更多跨域課程的可能性。

這首由渡也結合考古與文學，所碰撞出字字珠璣的新詩作品〈嘉義傳說〉，並非著重於探究人類學對先人生活場景的重建，抑或是先人社會形態的系統分析和深入研究，而是單純從不同領域知識與自身素養兩相映照下，經過爬梳、省思與萃取，型塑出不同於以往的作品，可說是為「當文學遇上『X』」——跨出一步，俯拾皆能創新——做出最好的演繹與示範。

〈嘉義傳說〉

穿越二千五百多年漫漫長長
沉重的黑暗
終於被考古學者的光發現

他們從未料到有一天還能重見
嘉義天日

二〇二一年九月初
嘉義人對剛出土的他們表示：
「歡迎！」
其實應該由身為地主的他們
向嘉義人致意：
「歡迎大家！」

嘉義的一切，從他們開始
有他們
才有嘉義
才有嘉義的語言、文化
嘉義的農業、建築、經濟
才有嘉義的傳說和歷史

而他們在嘉義努力生活築夢時
黃帝也正在遙遠的對岸
為中國傳說時代築夢

當文學遇上天文及農業

事實上，渡也運用文學作品，展現跨領域創作的無限可能性，並非第一次。

二〇二〇年，嘉義市舉辦日環食系列活動，在六月二十一日日環食當天，渡也來到北香湖公園一睹天文奇景，將感動寫成〈嘉義日環食〉一詩，並由大同國小低年級的孩子用童真聲音來朗誦，便為現

場觀眾帶來天文、文學與表達力，跨領域整合的驚喜與感動。

還有一次，則是號稱「嘉義幸福米」的台農八十二號上市時，口感香甜、軟中帶Q，為許多人帶來奇妙的味蕾饗宴，渡也也能激盪出文學與農業的火花，寫下〈台農82號米飛翔〉：

多年來水稻在天空中飛翔
尋找落腳的家
經過北回歸線
看到一望無際的熱情

聞到嘉義平原的香甜
聞到嘉義人的幸福
水稻決心降落

就在嘉義田裡生活、歌唱
靈魂晶瑩剔透
皮膚圓潤，精神飽滿

每一粒都是藝術品

最 Q 最香甜最嘉義

台農82號米

要在全台灣的腸胃中

在全世界的腸胃中

飛翔

從考古、天文到農業，跨領域的學習歷程是一場動態進行式，學生可能隨時隨地「被觸發」學習興趣，但還需要仰賴教師的引導與課程的適當安排，讓他們「消化」不同領域學科背景知識，整合出更趨近於目標的學習成果，並透過教師在過程中的引導與鼓勵，逐步累積出跨領域可能會遇上的成功甚至失敗經驗值，進而形成主動、積極且正向的學習習慣，朝向跨領域整合型人才的目標邁進。

課程設計
激發跨領域火花

鼓勵動手做，結合生活經驗，
養成跨領域學習並解決問題的習慣與能力。

黃色小紙盒做成的身體，黏上冰棒棍當成手跟腳，腳下踩著同樣用冰棒棍做成的滑雪板，手上再拿著兩支棉花棒當雪杖，一個栩栩如生的雪橇跑跑人就完成了。

放上銀色軌道，跑跑人在起跑線前排成一列，裁判一聲令下，只見旁邊負責控制的同學，賣力的轉動著手上的手動式發電機，產生電力驅動跑跑人身上的馬達往前跑，轉得愈快，跑跑人就跑得愈快！大家拚命嘗試用各種姿勢希望增加速度，賽道上的跑跑人手上兩隻滑雪杖也跟著快速轉動，往終點線衝刺。

相對於跑跑人玩具的熱鬧、激動，旁邊另外一組玩具就顯得冷靜許多。液壓彈珠台這組考驗的是團

隊合作。彈珠台的四根支柱，分別由四支裝水的針筒組成，連結到另外四支針筒，以液壓原理來操控彈珠台的傾斜度，考驗多名玩家的默契和平衡，才能成功把彈珠送到洞裡。

這兩樣完成度相當高的玩具，都是出自嘉義市北興國中學生之手，更在二〇二一年科學玩具自造大賽中獲得「自造王」的頭銜。這兩組作品都是由老師沈奕成與王靜儀帶著孩子創意發想，經由在課堂上實作後的成果。

自己找問題的解方

每個學期，北興國中學生在「生活科技課」中至少要做出兩個成品，透過動手做，把先前學到的科學知識融會貫通的應用出來，過程中也曾踢到不少鐵板，像是剛開始跑跑人只要一出發就跌倒，學生一直找不到原因，結果發現原來是包著錫箔導電用的賽道鋪得不夠平整，排除障礙之後，跑跑人才終於開始順利前進。

「生活科技課」乍聽之下或許陌生，其實就是許多人小時候記憶中工藝課的「進化版」，只是加入具有科技感的元素，包括機械車、3D 動畫、電路動力裝置，就連傳統的木工也加入雷射雕刻、動力等跨領域學科的知識。

可別小看這門課，平時小考、段考用不上，也未必會出現在國中會考的考題上，可是，這門課卻關

乎孩子是否能養成未來在面對跨領域問題時，懂得如何解決的核心素養能力。

現行一〇八課綱中，科技領域的目標，並非培養學生當很會寫程式的工程師，而是「帶入運算思維」。所謂「運算思維」，就是用類似程式設計的角度來思考、拆解問題並找到答案，簡言之就是訓練邏輯思考的能力，學生必須一步步找路徑、一個個去克服，學會獨立思考、找到方法解決。

在課程規劃上，一〇八課綱將「生活科技」從自然領域中分割出來，與「資訊科技」合併入科技領域，讓孩子有機會動手做，潛移默化養成解決問題的能力。

一堂絕不出借的生科課

以十二年國教歷程來看，國小階段著重體驗與引發興趣；到了國中階段，以北興國中的課程設計來說，七年級

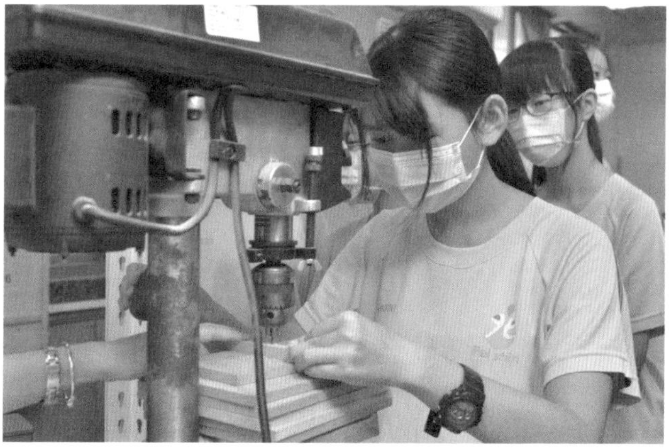

北興國中透過生活科技課，教導學生繪圖設計、科學知識及實際操作，培養孩子解決問題的能力。

先從自主繪圖、設計開始，讓腦海中的創意構想逐步落實；八年級科學課程學到電力、機構、能源轉換等知識，配合生活科技課老師的教案，透過實作來加深學習印象；到了九年級才真正開始學寫程式來驅動自己手作的機電整合作品，用以銜接高中階段更系統化的領域知識。

因此，有些學校可能會發生藝能課被借去上其他學科的情況，尤其是課業壓力最大的九年級，但在北興國中有條不成文的規定，生活科技課從來不會被借課。

北興國中校長張仁澤強調，學校在一〇五學年度成為嘉義市三大自造中心之一，一〇六學年加入十二年國教科技領域前導學校計畫，校內共有八間專門教室，以及雷雕機、3D 列印機、磨砂機等硬體設備，全力支持科技領域課程發展。

老師在教案設計上也捨棄方便又省時、包裝完成的材料包，堅持一切原料都要自己動手切割、拼裝，一手完成。

從孩子的作品中不難看到彈珠、鋁箔紙、棉花棒、冰棒棍等，都是生活中方便到手的素材，希望學生學會在生活中取材。

很多孩子都是在這堂課上第一次使用電鑽或鋸子，從剛開始雙手發抖，到後來會互相教導、還會主動帶作品回家「加工」，學習愈多，愈發現可以應用科學知識的地方無所不在，讓孩子逐漸建立起「想得出來，就做得出來」的自信，培養出真正帶得走的能力。

像這樣問題解決的能力，甚至在關鍵時刻還發揮作用，救人一命。

沈奕成分享，有一個一直以來學習成績相對落後的學生，有一天媽媽被壞掉的門鎖關在家中廁所出不來，非常焦急，這時孩子突然想起來，生科課曾經學過簡易居家修繕，教到更換門鎖，於是他嘗試拿起工具，把壞掉的門鎖拆解下來，讓媽媽終於順利脫困，這次的經驗，讓孩子大感衝擊，更體悟到學習的重要性，從此以後，看到他上課都特別投入。

在北興國中的生科課，老師不會拿著計分板替作品打分數，拿掉了成績評量的緊箍咒，孩子的創意天賦像找到了翅膀，開始自由飛翔，也積極利用課餘時間，相約同學一起到學校來，討論如何讓作品更趨近完美，甚至在家也會開始思考，動手改造家中物品。

提供「創造」的機會

為了讓天馬行空的創意更聚焦，北興國中七年級的生科課有一個主軸是「創意思考」。課程設計會把五、六十個各式各樣、用途迥異的生活用品放入一個驚喜盒，讓學生隨機抽出三個，進行三樣物品的特性分析，找出其中關聯元素，融合創造出一個全新功能的物件。

有孩子抽中了牙刷、馬桶、檯燈這三樣日常用品，剛開始很傻眼，但最後設計出一個使用完之後，會有刷子出來自動清潔的馬桶，晚上還會有夜光，保護使用者的安全。北興國中教務主任林世清點出，透過這樣的課程，孩子學習從發散到聚斂的思考過程，讓創意更聚焦。

「學生缺的從來都不是創意，而是機會，」沈奕成有感而發的說。

因此，北興國中積極搭建平台，讓孩子有「創造的機會」。像是學校會在戶外教育課程時，事前規劃，利用半天時間，帶著學生造訪偏鄉小學，學生分組準備科普或科學體驗活動，化身小老師，帶著弟弟妹妹們玩科學，除了讓孩子有機會展現外，也激發他們對社區的關懷。

同樣從人文關懷為設計發想起點，還有另一項作品「定時喝水提醒器」，在二〇二二年，獲得由世界青少年發明展國際秘書處所主辦的第十八屆世界青少年發明展（IEYI）的社會關懷銀牌獎。王冠文、鄧人愷兩位參賽學生在發想前，先到特教班去訪問，了解特教孩子的需求，發現他們常常會因為太專注手上工作而忘了喝水，需要教助員去提醒他們。

為了解決這個問題，學生設計出可以設定時間的杯墊，水杯放上去之後，如果在設定時間內都沒有拿起來，杯墊上就會出現動畫警示，提醒特教班的孩子要拿起杯子來喝水，放回去之後，杯墊又會重新開始計時。

老師也分享，學生特意選用動畫來「溫和」的提醒，就怕嚇到特教班的孩子。

從校內自辦的成果展、到社區進行科普宣導、校慶科學闖關活動，再帶隊到校外參加科學競賽，學生們從概念發想、師生討論、團體實作、修正改造等，一系列系統化學習的成果，並融入生活，嘗試解決生活中的難題，身體力行來展現跨領域素養。

事實上，嘉義市各級學校鼓勵孩子動手做，並融入課程設計中，並非頭一遭，也不是為了一〇八課

綱執行，而是早已內化成一種核心價值，成為嘉義市教育DNA。

一份由暑假作業點燃的熱情

「倒數進入，十、九、八、七、六、五、四、三、二、一，發射！」

二〇二二年一月十三日，由台灣太空領域新創公司張量科技所研發的「球型馬達」，搭乘著SpaceX的火箭升上太空，進入距離地表五百五十公里的太陽同步軌道進行測試，隨著這項領先全球的技術，可望讓微型衛星更輕、效率更好，也讓台灣本土技術得以跨足長期由歐美大廠壟斷的太空市場。

許多人或許不知道，張量科技共同創辦人暨執行長顏伯勳正是來自嘉義市，而他對於「驅動力」的熱情，則是在國小三年級，因為一份暑假作業而被點燃。

愛爾蘭詩人葉慈（W. B. Yeats）曾說：「教育不是注滿一桶水，而是點燃一把火。」

這把火，不僅點燃了顏伯勳的熱情，更引爆了台灣人自行研發設計的「球型馬達」飛上太空，展開距離地表五百公里的探索之旅。

顏伯勳回憶起小學三年級那年的暑假，老師在班上發下一份指定作業——科學玩具，他雖然很有興趣，但卻宛如瞎子摸象，不知道該從何下手。

首先，顏伯勳上網查找資料，研究他感興趣的遙控汽車有哪些組成要件，進一步去採買材料，但

北興國中不讓成績成為孩子的緊箍
咒，積極搭建平台，鼓勵他們盡情
發揮創意。

是，困難的不是組合出一台車，而是該怎麼讓它動起來。

顏伯勳再度上網搜尋電路圖相關資料，嘗試著自己照圖配線，但最後電力太弱，無法讓馬達運轉，只夠讓小汽車上的燈泡亮起來，顏伯勳無奈的笑著說，「暑假作業只好從遙控汽車變成遙控電燈。」

沒想到四年級暑假，老師竟又出了同一個題目！這次顏伯勳下定決心要突破自我，要讓馬達動起來。經過多次拆解再重組的嘗試，最後馬達雖然轉動了，但因為電池重量太重，讓小車依舊不動如山，再次宣告實驗失敗。

想起那段過程，顏伯勳說，很多現象不知道為什麼會發生，根本是「亂試」，但即使不成功也不會認為就是「失敗」；反而感受到過程中自己動手做的成就感，也讓他更認識自己的興趣所在，進一步參加學校開設的科學研究社團，與同學一起用冰棒棍做機器人，從彼此共同有興趣的主題，培養與他人合作的經驗。

讓下一次嘗試更有機會成功

曾經有人問，「當看到自己研發的球型馬達上了太空，團隊是怎麼慶祝的？」顏伯勳淡淡的回答說，「沒有特別慶祝。只有吃鹹酥雞當宵夜，配火箭升空直播，看完了還是繼續投入研究。」一路以來，顏伯勳專注投入在自己有興趣的領域，不斷嘗試，即使失敗了也能馬上重振旗鼓，重新思考解決

方法。

勝不驕、敗不餒的態度，讓顏伯勳在持續創新的過程中，站穩腳步。他也歸功於國小階段的多元體驗，在十歲的孩子心中，沒有對成功隨之而來的掌聲或榮耀有得失心，有的只是動手做所帶來最純粹的滿足與成就感。

跨領域意味著跨出原本熟悉的舒適圈，意味著可能面臨的失敗，顏伯勳說：「愈小年紀犯錯，成本愈低，人生一直在犯錯，愈小年紀跌倒受傷比較輕。」再從失敗中提取經驗，讓下一次的嘗試更有機會成功。

「傳道、授業、解惑」之外，當前的教育者更努力耕耘，建構一片讓孩子能夠盡情探索、體驗與跨領域創造的園地，在其中，埋下一顆顆充滿好奇心的種子，用興趣來引導與鼓勵，持續澆灌養分。未來，從嘉義這片土地，便能長出讓世界都驚奇的美好果實。

探索，找到跨領域目標

透過多元社團的探索，
發掘自己喜歡且擅長的事，
進而找到跨領域學習的目標與方向。

一〇八課綱的核心素養包含三個面向：自主行動、溝通互動，以及社會參與，最終目標是希望孩子能成為以人為本的「終身學習者」。

每一次的教育改革，可能都攸關一整個世代的學習與未來，不宜躁進，出身教育界的嘉義市市長黃敏惠認為，應該要「摸著石頭過河」，而且踩穩了這一步才能繼續往前進。

但面對快速變遷的未來，孩子該如何從現行的教育體制中，找到自主行動的力量，進而成為未來的主人呢？

對此，嘉義市嘉義國中校長陳仁輝有其獨到見解，透過「多元社團」的參與及探索，盡可能讓孩子在體驗學習中感受自己的優勢天賦，激發主動學習的熱情，進一步開啟學習的關鍵鑰匙，找到最有效的學習模式，以及跨領域興趣所在，進而回頭實踐在其他學科上，成為一股正向循環的學習力量。

從自身天賦引發跨領域的動力

色彩鮮豔的短上衣，搭配黑色長褲，隨著節奏強烈的動感音樂，舞動出青春洋溢的舞步，這是嘉義國中熱舞社，也曾多次拿下嘉義市政府所舉辦最大型的舞蹈競賽「反毒飆舞大賽」冠軍。

這群年紀不到十五歲的少女們，清一色沒有舞蹈背景，當初正是因為參加熱舞社愛上跳舞，主動報名參加比賽，團隊成員們一起找配樂、嘗試編舞、打點服裝造型，甚至還搭配自製道具，舞曲完成度之高，絲毫不遜於正規訓練的舞團，連陳仁輝都化身成為粉絲，比賽當天在台下拿著手機，全程錄影，以孩子們為榮。

陳仁輝回想，有多少次在週六無人的校園角落，循著音樂，看到這群孩子在太陽底下揮汗苦練，就為了讓動作更精準整齊；看著他們嘗試將社團所學，加上參考多支音樂影片，編出配合音樂節奏的舞步，「感受到他們願意為了自己喜歡的事，去追求更高的榮譽，內心覺得很感動。」

可是，由興趣點燃的火花，堆疊累積後的路又能走多遠？嘉義國中校友黃翊用一支舞證明，當興趣

與專長結合後，一個愛跳舞的南部小男孩也能跳進世界的舞台。

漆黑的舞台上，唯一的一盞聚光燈打下來，映照出橘紅色光芒的機械手臂「庫卡」與舞者黃翊的身影，在大提琴扣人心弦的伴奏樂曲中，黃翊與庫卡細膩的跳出前進、後退與旋轉的舞步，人與機器完美共舞；樂曲即將告終時，舞者倒下，但在庫卡的雷射光束牽引下，舞者又緩緩從地面上被拉起。

《黃翊與庫卡》這齣未來感十足的舞碼，奠定了台灣編舞家黃翊的地位，從二〇一二年起，《黃翊與庫卡》獲邀到全球演出，至今巡演十七國、三十二個城市，累積演出七十八場。黃翊是舞者，同時也是自學的程式設計師，用他編寫的程式賦予庫卡生命。

談起這位傑出校友，陳仁輝眼神中滿是驕傲，他說：「黃翊國中時讀的是舞蹈班，但他因為自學程式，當時還協助學校建置網頁，最後卻結合舞蹈與程式，創造出屬於自己的一條路。」

找到動機就能主動學習

有「世界的教育部長」之稱的國際教育學家肯．羅賓森在《讓天賦自由》一書中指出，「歸屬天命，有跡可循，最明顯的就是自由與踏實的感受。當你從事自己熱愛又擅長的工作，才可能覺得活出了真實的自我，成為你理想中的自己。你覺得自己做著天生該做的事，也成為你天生該成為的人，這就是歸屬於天命的狀態。」

透過多元社團，孩子可以發掘自己的興趣與專長，進而激發主動學習的熱情。

但什麼樣的狀態才是找到自己的興趣呢？創造力大師米哈里·契克森米哈伊（Mihaly Csikszentmihalyi）曾說：「當人們全神貫注在喜歡的活動中時，會喪失時間感，並有極大的滿足感。反之，如果你做的不是自己喜歡的事情，五分鐘就會變成一整天。」過去的教育是把人教成類機器，未來的教育則要回歸到人的本質，幫助孩子探索人生、找到自己與世界的連結。

譬如嘉義國中女童軍社的孩子，為了籌募外出宿營的經費，自己去找批發商進貨女童軍餅乾，接著在課餘時，一起到嘉義公園去跟運動的爺爺奶奶推銷餅乾，展現出高超的說服能力，成功達成活動的籌募目標。陳仁輝分享，有同學回來後告訴他，某一類型的人行銷成功率比較高。由此可見在強烈的動機驅使下，孩子們體驗到與人互動、合作、察言觀色及臨機應變等未來生活所需的複合式能力，並透過真實的活動實踐，成功整合為帶得走的能力。

另一個例子是，當新冠疫情在全球肆虐，在台灣也造成醫療體系沉重負擔時，嘉義國中烘焙社的同學看到新聞報導，有感於第一線醫護人員工作繁重到連吃飯時間都沒有，因此主動與家政老師討論製作手工餅乾，更購入封膜機，動手包裝成一包一包的小點心，送去醫院慰問醫護人員，孩子們善用社團課所學的技能，從社會關懷的動機出發，展現計劃與行動的能力。

未來沒有人能夠預測，或許透過教育引導孩子探索自我，找出跨領域學習的動機與方向，進而有能力去創造自己的未來，成就最好的自己。

顏廷伃（台大人類學研究所博士）：

打開名為未知的那扇窗

骨節分明的雙手、黝黑的皮膚，寫下長時間在陽光下勞動的晒痕，她是台大人類學研究所博士顏廷伃，也是這次嘉義市重大考古發現，「台斗坑遺址」開挖作業團隊計畫主持人。

這項考古發現，年代約為兩千五百年前，且至今已有五具遺骸出土，一口氣將嘉義地區的歷史根源往前推進至新石器時代晚期，考古意義重大；對出身嘉義的顏廷伃來說，挖遍全台的考古遺址，這次能在故鄉有重大發現，對她更是別具紀念價值。

嘉義市台斗坑遺址引發各界關注，主要是因為有先人遺骸出土，甚至引發詩人渡也用「嘉義第一人」來彰顯其重要性。「大家對遺物比較沒有感覺，但是只要人骨一出土，當地人都會感到震撼！」顏廷伃有感而發的說，其實台灣各處都一直有在進行考古工作，但可

能因為人類學教育在台灣並不普及，大家對考古相對陌生，也甚少關注其發展。

除了廣為民眾熟悉、位在新北市八里區的十三行遺址，抑或是台東縣的八仙洞及卑南遺址外，全台其實由北到南，數一數，竟有超過數千個時代不一、性質不同的先人遺址，廣布在各個縣市，但為何你我都沒有感覺到現代生活與歷史痕跡交疊的衝擊呢？顏廷伃認為，台灣教育在考古推廣上其實著力不深。

跨領域整合的最佳實踐領域

反觀國外從小就開始有相關探索、體驗活動、考古職業介紹，甚至在主流媒體長期深度傳播相關知識，催生出許多業餘考古愛好者，讓考古領域更加有生氣。考古是從十九世紀歐洲古物蒐藏的研究與鑑賞中發展出來的，透過遺址調查、挖掘，運用人類學、歷史學、藝術史學、地質學、建築學、土木科學及古生物學等跨域學科，從龐大資料中分析、比對、鑑定，進一步重建古代人類社會的生活場景，乃至於環境與社會文化的關聯脈絡，正是一場跨領域整合最好的實踐領域。

以顏廷伃自身求學經歷為例，高中畢業要升大學研究科系時，完全不曉得有「考古」的學習領域，當時因為一心希望從事與「美學」相關的行業，顏廷伃選讀了廣告系，但發現

並非自己的最愛，研究所轉而攻讀藝術史，沒想到，在此接觸到早期人類的生活樣貌，進一步點燃對考古學的熱情，博士班直接轉攻人類學系。

「所有的知識與歷史記載，讀的都是別人的紀錄；但唯有考古可以體驗到靠著自己雙手親自把歷史挖掘出來的第一手過程，」這份透過考古工作滿足了她對知識探究的渴望，也讓她幾經波折後，終於找到自己在職涯的定位與價值。如今，重回故鄉開挖重大考古遺址，她也希望能在遺骸科學鑑識與研究工作告一段落後，帶著成果與嘉義的學子們分享，豐富他們的學習領域。

第六章

透過科技創新，解決世界的問題

未來的世界詭譎多變，單一知識已無法滿足，
唯有不斷發揮創意思維，
善用工具落實解決方案，才能靈活應對。

二〇二〇年，一隻病毒，讓世界各國封閉國境，人們被迫離開工作崗位，學生遠離校園，顛覆你我早已習慣了的日常；隨之興起的遠距溝通、零接觸服務應運而生，改變了各行各業的樣貌，這隻病毒，向人們展示了世界變動竟可以如此劇烈且猝不及防，同時也預告了，下一代要面對的是一個此刻難以想像的世界。

當世界快速變化，知識半衰期也正在大幅縮短，我們不能期待填塞給學子滿滿的學科知識，他們就能應付複雜莫測的未來。當單一學科知識已無法滿足未來人才需求，學校的教育如何蛻變，讓孩子擁有活用知識、解決問題的能力？對數位原生世代來說，運用科技工具，透過創意思考，培養解決問題的能力，才能靈活的面對瞬息萬變的未來。

科技讓教育現場無極限

走進偌大的校園，一間間空蕩蕩的教室，少了孩子們的歡聲笑語，操場上的鞦韆隨著風孤單擺盪著，顯得有些寂寞。

這並不是寒暑假時的校園，而是因疫情迫使學校中斷實體教學，改成線上遠距授課。突如其來的變化翻轉了教學模式，讓老師與學生最深刻互動的教育現場移轉到了線上。

「各位同學，從剛剛老師分享的影片上，你們看到了什麼？請同學把想法張貼在 Jamboard（協作式

數位白板）上！」老師一聲令下，就看到五顏六色繽紛的色塊，陸續出現在線上教室的共享白板上，孩子們一邊看著其他同學的想法，一邊激盪出更與眾不同的觀點，線上活絡的交流狀況，與線下相較絲毫不遜色，一場熱鬧精采學習轉換了場景，正在線上教室發生中。

當遠距教學愈趨成熟，透過創新科技軟體，譬如協作式數位白板、共同筆記、動畫創作工具等，正一點一滴的拉開線上教學與實體教學的差距，也加深線上學習的深度與廣度，逐漸累積孩子使用科技工具的能力與素養，進一步將學習化被動為主動，利用數位工具深入探索自己感興趣的知識領域，建立數位自學力。

當孩子為自己裝備好用得上的數位工具之後，面對問題不斷推陳出新的未來，他們更需要用創意思維找出可能的解決方法。

創意萌芽、活用科技、想像落實

藝術大師畢卡索曾說：「每個孩子都是藝術家。問題在於我們長大後，如何繼續當一個藝術家。」孩童天生就有創意能力，但他們的創意不一定會自行發展，必須透過培養、支持、引導、交流的過程；就好像農夫或園丁照顧植物，會盡力打造一個最有利於植物生長的環境；同樣的，學校也可以為孩子創造一個讓創意滋長的學習環境。

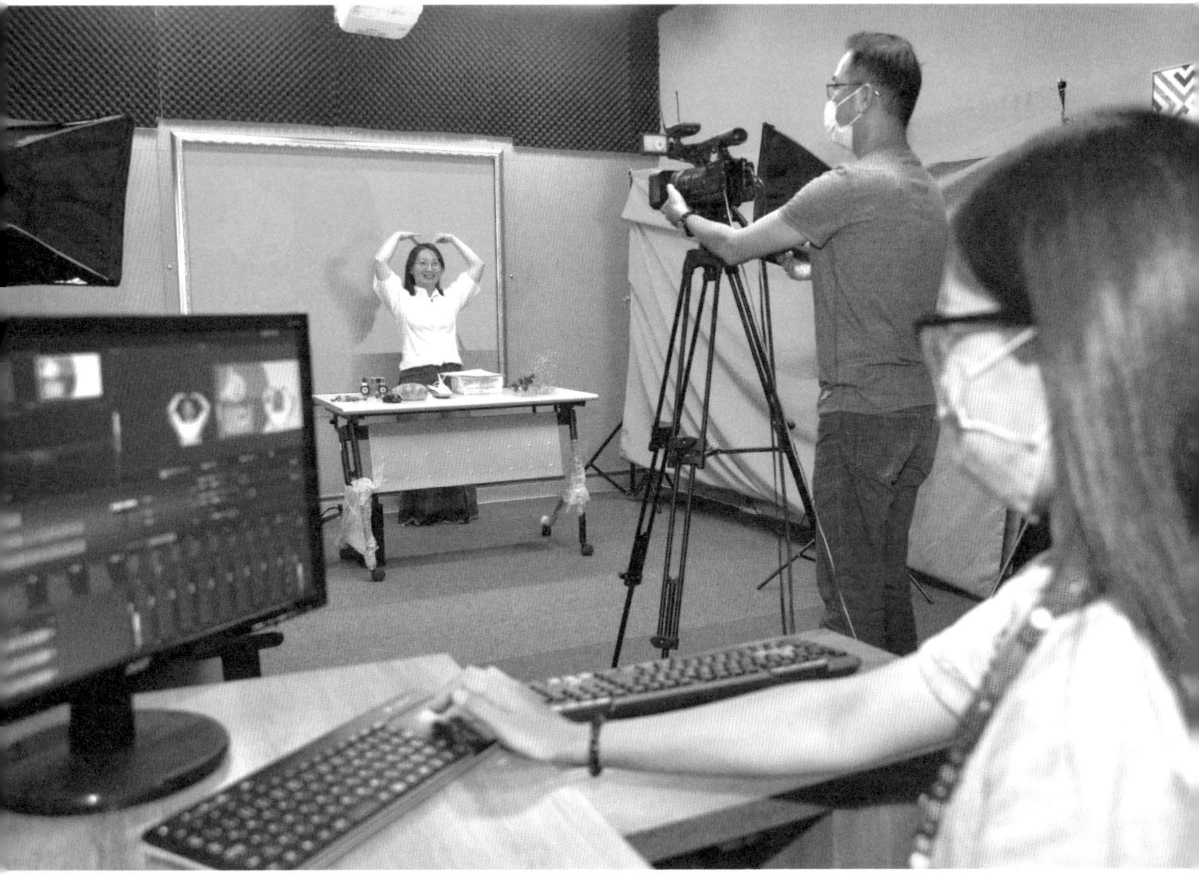

現在的教育模式不再侷限於教室裡，運用數位科技工具、走進現場及動手實作，才能培養孩子面對多變未來的能力。

在這個環境裡，適度給予孩子不同程度的挑戰，經由分組合作的模式，鼓勵並給予空間，讓孩子五花八門、天馬行空的想法，可以恣意迸發，並引導他們的創意從發散走向聚斂。新的點子和洞見或許看起來像靈光一閃，但它們會出現，通常是因為經過了一次又一次的想像、創造、玩樂、分享、思考，重複了多輪迴的創意學習螺旋。

問題是，聚斂後的創意，最終又該如何導向並歸結成高度可行的解決方案？

答案就是：實際動手做。但這個「做」不是漫無目的、悶著頭亂做，而是懂得善用工具，尤其是數位科技，才能更具象的感受到其背後相關的抽象學科知識，然後找出問題的解方。

這樣的歷程，在嘉義市國中小基礎教育階段，每天都在重複發生，透過一次次的課程引導與實作練習，孩子們學著如何熟練的掌握從創意到解決方案的動態歷程，在校園中回應教育現場中所發生的問題，而未來走出校園後，也一樣擁有具備應對未知挑戰的能力與勇氣。這也正是嘉義市教育一直努力前進的目標：培養孩子善用創新科技，解決世界問題的能力，唯有如此，孩子們才能在多變的未來世界中，自由的大口呼吸。

翻轉教育現場，從做中學

現在的教室已經擺脫傳統樣貌，以動手實作、走進現場，取代單純聽講接受知識。

講台上的老師站在黑板前，用粉筆快速的寫著板書，台下的學生低著頭、安靜做著筆記，接著老師點名幾個同學站起來回答問題，檢視教學進度是否符合預期，最後在下課鐘聲響起前，宣布回家作業，結束這堂課。

這是你我非常熟悉的場景——傳統教室的樣貌。

過去，老師是在課堂上的主導者，肩負著傳道、授業、解惑的重責大任，學生只能單向吸收老師給予的知識內容。如今，隨著教學觀念不斷的翻新，翻轉教室也顛覆傳統單向授課方式，取而代之的是雙向的互動，甚至是以學生為主體，老師搭建好探索的平台後，將學習主導權交到孩子的手上，讓孩

子有空間能夠自發學習。

為孩子搭建學習平台的關鍵，就在於創造情境與連結，讓孩子覺得學習是有意義的。未來教育的創新面向有兩個層面，第一個層面是更重視符合孩子不同的學習速度和內容，來滿足學習的目的；第二個層面則是透過科技幫助孩子加強與外在世界的連結，同時投入真實情境的營造，讓孩子找到自己存在的定位及打開對外連結的能量。

動手就有可能改造世界

一塊塊積木組合而成的簡易小車，上頭加裝了超音波感測器，利用音波來測量距離，讓機器小車遇到牆壁會轉彎——這是精忠國小機器人社團的專題。實際動手操作的過程中，孩子們躍躍欲試，遇到小車不會動的時候，你一言我一語的熱烈討論著該如何修正，將其中複雜生硬的齒輪轉軸、力學以及超音波等科學知識，寓教於樂的融入實作過程。

場景轉換到僑平國小的創客教室，才剛剛加入小學生行列的一年級新生，每個人手上都拿著或長或短、顏色不同的積木，試著拼湊在一起，成為讓小圓球能夠順利滾動而過的軌道，即使失敗了，孩子們馬上振作起來，拆掉、重新換個組合方式，再試試看，老師只需要在旁邊引導、提醒與鼓勵，一節課的時間很快就過了，孩子還嚷嚷著不想下課。

這些都是不同於傳統教室的制式學習方式，最大的共同特色就是孩子成為教室的主導者，展現更主動積極的學習意願。

動畫電影公司皮克斯研發總監湯尼．迪羅斯（Tony Derose）曾說，「動手做，點燃孩子改造世界的熱情！」而這股熱情正是教育工作者最希望從學生身上看到的自主學習動力。

從動手做、做中學衍生而出的「創客精神」，也符合一〇八課綱中，科技領域所希望培養學生的科技素養。透過科技工具、材料與資源，訓練學生動手實作、使用資訊系統的知能，藉此涵育探索、創造性思考、邏輯與運算思維、批判性思考、問題解決等高層次的思考能力。

以嘉義市僑平國小為例，二〇一七年三月正式設置僑平創客學院，積極推動創客教育，藉此翻轉傳統單向知識灌輸的教育思維，讓孩子從實作中學習，進而自我實現。

學校特別挑選最能激發孩子創造力與想像力的積木設計主題課程，從低年級的結構積木搭建出軌道、旋轉樂園；中年級改為動力積木，加入重力、彈力及電能等，製作出工具機具；到了高年級則是使用能源積木，進一步整合各種應用，加入程式編程，製作出用太陽能、風力或水力驅動的裝置。

同時，利用嘉義市國中端提供的科技工具，包括雷雕機、線鋸、磨砂機、轉印、燙印設備，導入創客課程，透過不同媒材，激發孩子的不同創意。

除了硬體資源外，學校老師也全心投入搭建探索平台的任務，各科教師共同備課，確認不同年段孩子的學習進度後，再疊加上適合不同年段孩子能力所及的課程設計。

「創客精神」激發孩子的創造力與想像力，
讓孩子轉而成為學習的主導者。

譬如製作熱燙印花磚杯墊，孩子利用電腦繪圖軟體設計圖案，過程中會需要用到數學對稱的觀念、資訊課的小畫家及修圖軟體的使用技能等，老師就會先確認中年級的孩子都已經在課堂上學習過相關內容後，才會進行這項專題教學。

在實務操作上，則是設計兩階段學習模組，讓孩子依序完成兩份作品。第一階段是仿作老師所提供的範例樣品，模仿是學習的過程，最終要達到的目的是創新、更加精進，利用仿作的學習歷程，讓孩子更熟悉數位工具的操作，也降低創造所帶來立即性的壓力。第二階段則必須加入自己的想法與創意，做出具有個人風格的獨特作品，讓孩子在充分準備下，更有信心的面對挑戰，同時給予創造的空間與自由。

當孩子拿著親手設計、獨一無二的燙印或雷雕作品時，眼中閃閃發亮的是對自己的肯定與驕傲，迫切希望將作品帶回去與家人分享。

僑平國小創客及資訊教師蔡鵑竹分享，孩子在實作過程中難免卡關，可能是來自於不熟悉軟硬體工具操作的挫折，或是創作靈感與刺激不足的壓力，甚至曾有孩子一度哽咽著說：「我不會畫畫。」蔡鵑竹也藉此機會鼓勵孩子：「不會用筆畫畫，不代表不會用電腦繪圖喔！」提高孩子勇於挑戰自己的信心，同時鼓勵孩子多練習操作方式、增加對細節的觀察力與豐富生活經驗的資料庫。最後當這個差點在課堂上落淚的孩子拿到自己的創作成品時，臉上露出的燦爛笑容讓她印象深刻。新科技的使用也許會打開孩子的另外一扇窗，同時也是打開孩子另一扇潛能之窗的契機。

僑平國小教務主任劉禕翎也觀察到，台灣的孩子很習慣在課堂上會問老師：「我這樣可不可以？」她認為，老師可以透過鼓勵、正向引導，讓孩子打開框架，用不同的眼光觀察事情，慢慢長出自己的想法，並培養接納別人意見，據此修正出面對事情的正面能量。

嘉義市市長黃敏惠也認為，探索、觀察、保持樂觀、持續修正是找到解決方案的路，這樣的特質，將是孩子們未來人生路上最棒的資產。

同時，面對ＡＩ人工智慧時代的快速來臨，嘉義市政府教育處試圖打造適性與友善學習的環境，培養「做、用、想」的能力，讓嘉義市的孩子都具備二十一世紀所需的科技素養，以達成「成就每一個孩子」的教育目標。

從在地文化進行主題式探究

除了因應不同年齡段的需求，設計出不同層次的課程之外，連結在地文化與環境，讓孩子因為熟悉而對課程內容更「有感」，則是另一種翻轉教育現場的模式。

「我們希望透過課程設計，讓孩子理解腳下這塊土地，因為理解才會產生愛。真正去了解在地文化發展的脈絡，藉此肯定先人的努力，並學習承接這樣的文化思維，找到屬於自己的根源。孩子們必須先認同在地，才能長出專屬內容接軌國際，」嘉義市崇文國小校長林秀香語重心長的說。

崇文國小的前身是南台灣最早的新式學校——嘉義公學校，創立於西元一八九八年，至今已有超過百年歷史；校門口正對面、一條不到六百公尺的成仁街，昔日可見畫廊、裱褙店相鄰而立，號稱「美街」，培育出許多台灣重量級畫家如陳澄波、林玉山等人。

坐擁如此厚實的文化寶藏，崇文國小希望透過主題課程，以在地文化創藝為題，帶著孩子走到戶外，社區就是孩子們的教室，他們必須應用資訊科技及創新思維，找到改變世界的實踐方案。

崇文國小教學團隊設計出「GREAT 素養教學模式」：以引導情境（Guidance），讓學生們「感受」身邊的問題；給予真實任務（Real-life Task），讓學生們制定研究主題來解決問題；透過探究（Exploration）思考解決的創新方式；並採取行動策略（Action）在生活情境中實踐；最後則是反思及分享（Thinking and Sharing），把自己改變世界的故事與他人分享。

「還記得第一次帶孩子來的時候，小孩們直呼：『這裡是鬼屋嗎？』」崇文國小老師笑著說。孩子們口中的「鬼屋」，其實是位在崇文國小正對面，坐落在成仁街上，過去公學校時期的校長宿舍，木造的日式建築，因為年久失修，處處斑駁、雜草叢生，也難怪孩子們都不敢靠近。

現場學習獲得意外的收穫

老師帶著孩子實地踏查，並解說老屋歷史由來，孩子們漸漸從恐懼轉為好奇，發掘出許多老建築與

現代不同的趣味之處，並觀察出老屋雖然有其歷史價值，尚待政府進行修繕與維護，但光是只有建築物本身缺乏吸引人們前往探訪的誘因，如何讓老屋內部空間活化再利用，就成為這群崇文國小六年級孩子們的任務。

想要知道能使用的空間有多大？就必須要進行建築物量測，老師帶著孩子們，實地來到老屋現址，利用文公捲尺、水平儀、測距輪等專業工具進行測量，但當孩子抬頭看到高約兩層樓的屋頂時，卻發現手上的工具沒有辦法量到這麼遠的距離，那該怎麼辦？回家上網搜尋，找到可以下載到平板上的測距APP，利用數位工具的幫忙，終於解決了這個棘手的難題。

完成測量後，孩子們帶著記錄下來的數據回到教室，做出老屋模型，開始分組腦力激盪老屋內部空間該如何活化。從校史館、福利社到有機農舍，孩子們的創意一個比一個精采，最後再用電腦製作結案報告，並上台發表各組的成果。

老師也觀察到，有些孩子一走出教室，在現場環境的引導下，反而更專注學習，有些在課堂上學習落後的孩子，甚至展現出對不同細節的敏銳觀察力，進而獲得過往在教室裡無法得到的成就感，帶動他後續的分組討論、專題報告及發表的參與度都更高了。

這也正是一〇八課綱以「自發」、「互動」、「共好」為核心的理念，以學生為中心激發學習潛力和熱情，培育終身學習的學習力，以及能在未來社會中成就自我與群體的素養，讓孩子成長中的每一刻更有價值，培養真正帶得走的知識和能力。

一起玩科學，全台動起來

嘉義市可說是全台推動科普教育的主場，
從暑期的科學１６８，到深耕天文教育的發展，
養成孩子們的科學素養，從小開始玩科學。

當蟬鳴聲唧唧響起，代表終於要放暑假了。很多孩子對於暑假的印象可能是往返於各式各樣的夏令營或是補習班，但對嘉義市的孩子來說，暑假從一開始就很令人期待，因為一場結合物理、化學、藝術、生態與五感體驗的科學饗宴——科學１６８，即將登場。

科學１６８教育博覽會是嘉義市政府於暑假定期舉辦的科學教育活動，每年吸引全國各地逾十萬名民眾參與，是南台灣最受矚目的科普活動，也是嘉義市最亮眼的科學教育品牌，自二〇〇五年舉辦至今，已經邁入第十八個年頭，創造出無數親子之間的共同回憶。

科學１６８結合全嘉義市二十八間中小學老師的智慧結晶，現場提供四十場科普教室的體驗活動，

還有創客展演、大師講座、科學競賽、科學闖關攤位、科學營隊及主題特展等活動，打造嘉雲南地區獨一無二的科學兒童樂園，營造時時是教育、處處是教育的環境，吸引孩子主動「走進科學」。

帶領孩子「走進科學」

走進科學168活動現場，諸如此類的畫面不斷在眼前上演：孩子們專注低著頭，把每天上學都會用到的鉛筆拆解開來，取出裡頭的碳條，磨成碳粉，再將碳粉和醋混合加入膠水變成塗料，塗抹在自己手做的卡片上，通上電力，就能點亮卡片上的LED燈，從一張普通的卡片，搖身一變成為會發光的趣味賀卡。

另一個轉角，則是另一款不同的風景。

小男孩利用簡單的電池、強力磁鐵和一條銅製線圈，彷彿對電生磁的原理了然於心，在老師的帶領下，他要製作一台電磁小火車，利用電池的電力，透過強力磁鐵表面的電鍍層形成通路，經過銅線管產生磁場，和磁鐵產生吸引排斥強力磁場，運用銅線的力量來推動小火車。

從「導電塗鴉」、「電磁小火車」、「動感機器人」，再到「電流急急棒」、「光的魔法師」等，總共四十個運用基本科學原理，加上隨手可得的媒材，發想出一個個精采有趣的實作體驗課程，孩子們各個熟門熟路，拿著闖關卡，從自己最有興趣的項目開始探索，動手做、做中學，甚至有孩子一天玩不

夠，一連五天的展期，天天都到現場報到。

讓更多孩子享受科學的樂趣

盛大熱鬧的夏日慶典，看似是嘉義市政府推動科學教育所做的努力，但細究背後目的，卻藏著一份希望為弱勢孩子做更多的初心。

黃敏惠分享，暑假對於資源豐富的孩子來說，可以安排一場又一場豐富的夏令營活動，甚至出國拓展視野，但對於相對弱勢的孩子來說，卻是兩個月的學習空窗期。當年為了讓弱勢孩子也能有機會透過寓教於樂的闖關活動，打開對科學的認識，嘉義市政府教育處整合各個中小學教師的教案，創辦了科學168。

但對於任何一個舉辦超過十年的大型活動來說，如何持續創新延續熱度，以及克服突如其來的挑戰，都是共同的課題，科學168也不例外。

科學 168 是嘉義市的暑假盛事，提供孩子創新實作的舞台，也鼓勵學校與老師思考更多教育的可能性。

教育處不斷嘗試，結合外部資源，讓每一年的展出都別開生面，像是邀請兩百架無人機表演，吸引眾人目光，或是引進科博館及科工館的行動體驗車，以及導入林管處、嘉義車站等資源，讓展出內容一年比一年更多元豐富。

沒想到，二〇二一年，當教育處正在緊鑼密鼓籌備活動時，新冠疫情在台灣造成嚴重衝擊，全台從五月十九日開始全面停課，學生們也迎來了人生的最長暑假，當日常生活被全盤打亂的時候，科學168還辦得下去嗎？

創意應變，科學實作精神不停歇

承辦科學168的教育處團隊腦筋動得快，改由各校自行設計「科學寶盒」，依低、中、高年級不同需求，將實驗素材及引導手冊放入盒子，讓學生帶回家製作，開學後各校再做成果展，總計發出八十三款、兩萬一千個。

以嘉北國小為例，教師設計給一年級的科學寶盒是種香菇，搭配手機加裝顯微鏡頭，能觀察香菇生長情況；二年級用陶笛研究孔洞與聲音高低的物理現象；三年級搭配校方本位課程，發放獨角仙幼蟲讓學童照料，期待明年野放附近頂庄社區；四年級是利用調好的原料創作藍晒圖；五年級則是提供水管、LED燈泡，學童組裝成「魔電光劍」，手一握導電就會亮燈。

同時，順應時代趨勢，教育處還推出共八集 Podcast 節目，邀請嘉義大學教授連經憶擔任特別來賓，在空中進行「科學寶盒開箱」，分享生活上有趣的科學體驗。實體活動雖然受到疫情攪局無法舉辦，但是教育處團隊利用創意思維，讓科學168所帶來的「創造力博覽會」精神還是得以延續。

透過科學168，教育處希望搭建一個平台，引進外部資源，豐富活動內容，讓學校及學生有展能的舞台，提供孩子更多實作創新的機會，進而複製這樣的流程，去覺察生活中的其他現象，找到問題，再動手改進。跳脫例行性的學校課堂學習，往往能激發出孩子對學習的期待與主動性。

同時，也鼓勵學校與老師思考更多元創新的教學，打破既定形式，發揮出教育的無限可能性。

日環食主場在嘉義

說嘉義市是全台灣推動科普教育的主戰場一點不為過，除了舉辦科學168，讓科學教育的種子在全市萌芽之外，還要將這股擴散力，蔓延全台。

位居全國最佳觀星地點阿里山以及塔塔加的必經之路，嘉義市從二〇一四年開始舉辦「諸羅春分天文日」，是南台灣最具規模的戶外天文展示活動，每年都吸引許多天文愛好者齊聚一堂。而二〇二〇年又更為特別，嘉義市政府教育處更藉著這場活動，為即將到來的日環食盛事進行暖身。

二〇二〇年六月二十一日，夏至。整個嘉義市的熱度就像當天天氣一樣沸騰，嘉義市聯外道路上，

全被來自全台、等著要進入嘉義市的遊客塞得水洩不通；高鐵嘉義站租車與計程車接待櫃台人潮未見停歇，大家為的就是要一睹一生難得一見的天文奇景「日環食」，錯過就要再等一百九十五年。

當天，嘉義市各大觀測點，包括北香湖公園、港坪運動公園、嘉酒文創園區，以及各高樓頂樓，都有民眾早早卡位，現場還發放觀測小道具，大家屏息以待「上帝的金戒指」登場。

下午兩點四十九分開始「初虧」開始，太陽右下方缺了一邊，預定四點十三分四十二秒日環食開始，四點十四分十二秒「食甚」，即日食月亮圓心跟太陽圓心最接近、也是金環最美、最均勻的時候，四點十四分四十二秒日環食終，最後於五點二十五分「復圓」。

遊客帶著滿滿的天文新知與自然奇景的震撼回家，但大家不知道的是，嘉義市為了這場歷時兩個半小時的天文奇觀，醞釀了整整兩年。

科學就在生活中

二〇一七年十二月二十二日，在嘉義市政府見證下，由嘉義市天文協會、蘭潭國小、國立嘉義大學數理教育研究所、國立嘉義大學附設實驗小學、國立嘉義高中、國立嘉義女中、嘉義縣北回歸線太陽館等七個單位組成「嘉義天文教育聯盟」，展開一連串為二〇二〇日環食的暖身教學宣傳活動。

首先，透過嘉義市科學志工隊的校園巡迴小組，陸續在雲嘉南地區超過一百五十所學校舉辦

二〇二〇日環食校園巡迴教學活動；也跟隨科技部科普活動的腳步，於全台各地舉辦宣傳活動，估計知道日環食訊息的學生和民眾已經超過數十萬人。

日環食活動倒數第兩百天，嘉義市政府特別邀請教育部部長潘文忠來嘉義共同主持「倒數計時啟動儀式」，正式向世界各地的天文迷發出邀請。緊接著在活動倒數半年前展開「主場在嘉義，金環閃諸羅」系列活動，推出「觀日景點票選」、「二〇二〇金環閃諸羅攝影比賽」、「日環嘉義好好玩」觀光月等活動，進一步激起大眾對於天文的好奇與熱情。

日環食活動成功將大眾的目光聚焦在嘉義市，吸引超過三十萬人造訪，嘉義市飯店一房難求，觀光業者直呼，「這種盛況只有在迎媽祖的時候才看過！」連當天來參訪的台北市市長柯文哲都讚美，活動相當成功；對嘉義市的孩子來說，走出家門就能看到天文奇景，更加深孩子對於「科學就在生活中」的印象。

培訓人才扎根天文教育

同樣位在北回歸線、環食帶上的城市不少，包括金門、嘉義全境，以及雲林、南投、台南、高雄、花蓮、台東、澎湖的部分地區，但嘉義市之所以能夠喊出「主場在嘉義」的底氣，還有來自於市內發展已久的天文教育為基礎。

二〇二〇年六月二十一日的日環食活動，激起許多學生與民眾的天文魂；同年的科學 168 教育博覽會也首創夜間兩百架無人機展演，讓民眾都能盡情享受這場科學饗宴。

為了實現「讓嘉義成為天文最普及的地區」願景，嘉義市天文協會從二〇一一年開始推動「晨光天文活動計畫」，以蘭潭國小為培訓基地，結合志工家長、培訓在地師資、增加學校教學支援為出發點，推動天文教育扎根。

至今有二十五所嘉義市、嘉義縣、台南市的國小共同合作，超過一萬名國小學童參與。以嘉義市而言，參加晨光天文活動的學生，約占全嘉義市學生數四五％，天文教育普及率堪稱為全國之冠。

其中，蘭潭國小更號稱是「嘉義市最接近星空的小學」，校內在一九九八年設立全台少有的天文台，是當時最大口徑的折射式望遠鏡，學生可以透過天文望遠鏡對天體進行觀測及研究。蘭潭國小被譽為國內天文教育的搖籃，甚至在二〇一一年，中央大學鹿林天文台更將他們發現的小行星命名為「蘭潭」。

從科學168到日環食活動，嘉義市政府教育處從教育創新思維出發，以學生為主體，建構出結構嚴謹、寓教於樂的全市大型活動，張開雙手歡迎孩子們走進科學，進而發現生活即是科學，培養創新DNA，用科技素養面對未來的挑戰。

劉火欽（國立臺灣科學教育館館長）：

從基礎科學中找到創新的力量

當台灣積極推動創新之前，國立臺灣科學教育館館長劉火欽從教育觀點，想先為「創新」做出定義。他認為，創新有兩類，第一類是「從無到有」；第二類是「從好到更好」，前者可能是一項新的理論或新的發現，屬於高深研究範疇；第二類則是在原有的技術堆疊後的修正、改善。

劉火欽舉例，過去老一輩種田全憑經驗，靠天吃飯，但下一代接手後，懂得用無人機巡視農田，用感測器偵測土壤保水性，並蒐集作物數據分析、預測、甚至應用基因工程技術，調整出作物的最佳營養密度，這就是發生在農業、從原本的基礎再進化的創新。

真正能夠從事第一類創新的菁英階層，只約占總人口的二〇%，但能夠讓現有的技術再

進化的人可能有多達八〇%，而過往教育資源大多關注在培養前二〇%的菁英，忽略了更龐大的創新力量。

劉火欽認為，一〇八課綱科技領域中的「探究實作課程」就能相當程度的激發出這八〇%的創新力量。學生從現實世界的體驗來感受科學的原理，並透過動手實作的經驗，進行跨領域的整合，最後從自己感興趣的項目，延伸學習並動手改善。

科學普及化

這類型的學習往往必須跳脫制式課堂，從更生活化的情境營造中，激發孩子的五感體驗，劉火欽說，嘉義市「科學168博覽會」就是相當指標性的活動，相較於全國科展，科學168搭建出可以觸及更多人的科學平台，而且連續十數年不墜，讓嘉義市教師都有預期心理，為來年的活動提早規劃準備，也帶動每一年的活動深度與廣度愈來愈讓人驚豔。

但他也建議，科學168可以不只是科學，結合基金會、文化藝術館所、文創產業及企業等各方資源，創造出一個地區性的嘉年華盛會，不只能夠促進地方經濟，更能吸引非科學同溫層的族群走入展場，真正做到科學普及化。

諾貝爾經濟學獎得主保羅．羅默（Paul Romer）指出：「技術變革的發動，是植基於對

基礎研究的投資，是由創意點子和創新所帶動的良性循環。」微軟創辦人比爾・蓋茲（Bill Gates）也曾強調，基礎研究是改善人民生活的重要元素。在在顯示，創新力量無法憑空信手捻來，必須根基於堅實的基礎科學教育，唯有更普及化的科學素養，才能帶動全民創新運動。

第七章
成為公民政策的影響者

不要覺得人微言輕，就不積極參與公共事務，
只要懷抱共好願景，小力量也有大突破。

鑽孔洗洞、拉線安裝，一台一台冷氣在工人的趕工下，陸續安裝在教室窗邊。二〇二二年，夏天來臨前，在全台各縣市的國中小校內，都看得到這樣的畫面。中央政府喊出「班班有冷氣」政策後，經過一年多的時間，動用超過兩千三百組工班，裝設逾十八萬台冷氣，並克服各種困難和限制，完成了「不可能的任務」，讓孩子再也不用滿身大汗的上課。

台灣位處熱帶與亞熱帶交界，隨著氣候變遷，夏季溫度屢創新高，當孩子下課時，頂著豔陽在戶外嬉戲玩耍；上課鐘聲響起時，快步跑回教室坐下準備上課，但室內悶熱的環境，讓孩子的汗珠怎麼擦也擦不完，甚至有人因此引發異位性皮膚炎，始終無法靜下心來專注於學習。

「班班有冷氣」的夢想落地這條路，台灣已經走了幾十年，但背後有包含經費、電路管線以及節電措施配套的複雜因素，一直無法實現。這次，中央政府大刀闊斧在一年多內，整合學校、台電及企業廠商，終於讓全台各縣市三千五百多間國中小學，擺脫夏季教室宛如蒸籠的辛苦，背後最關鍵的原因，就是看到嘉義市克服萬難，率先完成市內各國中小教室全面裝設冷氣計畫，展現示範作用，促使全國政策加速進行。

展現公民參與的高度

嘉義市位處北回歸線上，每到夏季，太陽直射，最高氣溫動輒高達三十四度以上，根據統計，炎熱

高溫天數也日益增加。曾經站在教室內授課的嘉義市市長黃敏惠，深深理解孩子要在悶熱的教室內學習，效率勢必大受影響。因此，她在二〇一九年就超前部署、編列預算，要在各國中小教室裝設冷氣、新風換氣系統，以及改善電力線路，並獲得議會支持通過，讓師生得以在舒適的環境下授課、學習與休息。

教育處處長林立生也透露，這三大系統背後都是大工程，除了事前資料彙整、規劃設計以及跨部門溝通協調外，執行階段還要配合各校不同環境限制調整施作策略，並與台電密切合作完成外埠管線，提高用電量，變更契約容量供電等細節。

實務運作上，冷氣使用管理也大有學問，例如二十八度以上才開啟，分樓、分層、分時段的開啟，避免產生跳電以及超過用電容量等問題，在在都成為中央政策規劃時的參考素材。

從地方到國家，「班班有冷氣」政策由下往上的推動模式，展現台灣公民參與的高度素養。

根據國際教育成就評鑑協會（IEA）主導的國際公民教育與素養調查計畫（ICCS）最近一次的調查，比較全世界八年級學生的公民認知能力。在全台一百五十所學校、四千五百個學生中，超過九成學生的公民認知能力達到高標以上，意味著台灣學生公民素養相當平均，整體公民認知能力更排名全球第二，僅次於北歐國家丹麥。

嘉義市政府以身作則，為學子們示範如何發揮公民參與的力量，進一步對國家政策產生影響；讓孩子們深刻感受到，公民參與的本質，是試圖由下而上影響公共事務決定，也就是「公民參與即公民力

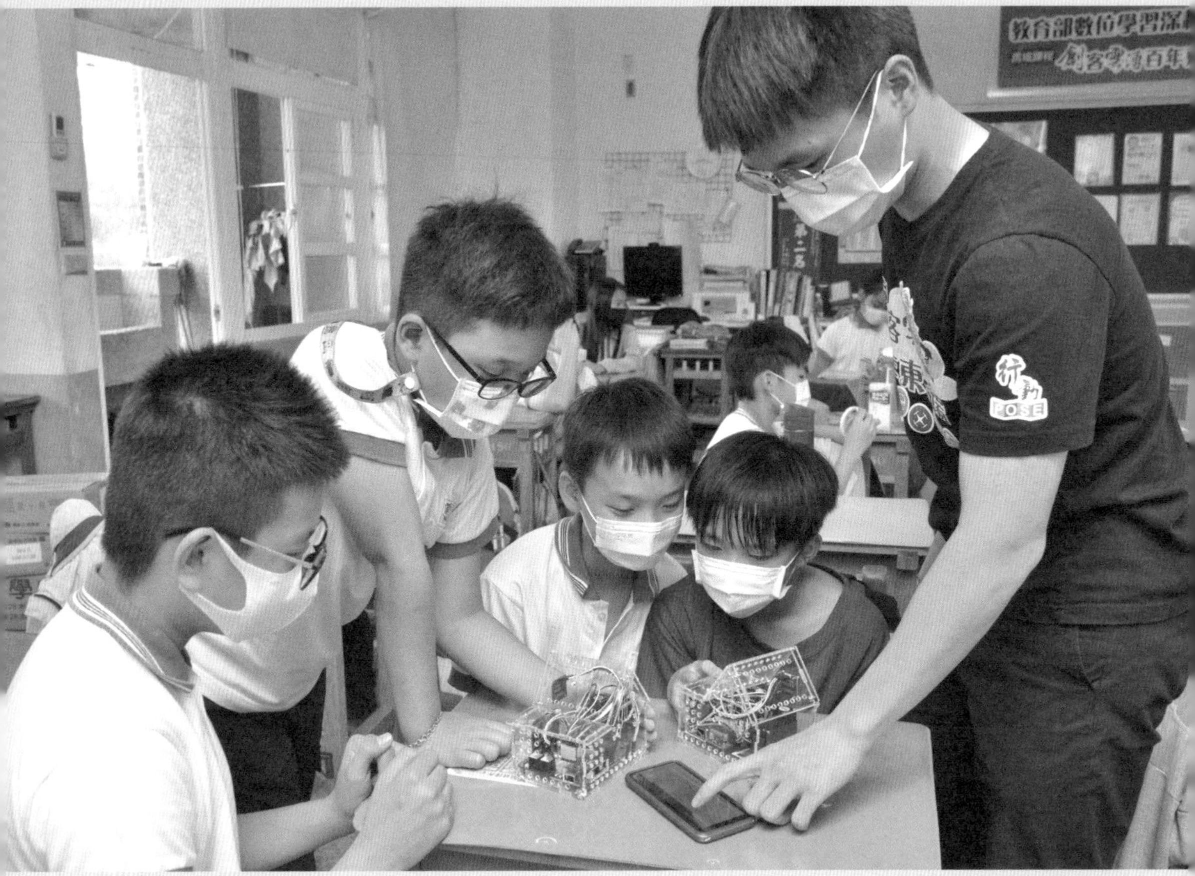

引導孩子關心社會、實際體驗公民參與的力量，也是十二年國教相當重要的一環。

量的展現」。

公民參與除了消極接受外在訊息外，更應該學習積極批判與思考社會現象，一方面展現思辨與主題研究的能力，同時發揮問題解決的規劃執行能力；進一步化被動為主動，進行議題研究與探討。這也正是十二年國教的核心理念中，希望透過「社會參與」達到共好的願景。

對此，嘉義市許多國小提出「公民行動方案」計畫，透過四個步驟，希望讓學生能夠同理關懷，並能體認到自己的力量，只要願意參與、試圖行動，即便是小小的力量，都有帶來改變的可能。

首先，確認社區裡的公共政策問題；其次，進行研究；接下來要確認解決方案；最終則是提出行動方案。透過四個步驟有層次、有計畫的參與公共事務，可以讓學生體會到，無須因力量微小而自輕，也不要對社會冷感而凡事漠不關心，只要願意幫助他人，就能藉此自我實現，發揮公民參與的力量。

發現並解決社區問題

在你我生活的社區環境中，是否有許多你看不順眼的地方？與其無奈枯坐，不如積極以行動改變現況。

位在嘉義市東區忠孝路與中正路口的東市場，是嘉義最古老的傳統市場，距今已有百年歷史，旁邊的城隍廟與雙忠廟，成立超過三百年，是在地人重要的信仰中心。

在悠久綿長的人文歷史氛圍中，吸引旅人腳步靠近的，還有數不清的美食，牛雜湯、肉捲、筒仔米糕、排骨酥、楊桃冰……，這些庶民小吃不只餵養著嘉義人的胃，也滿足許多饕客的味蕾。

東市場除了是嘉義人的美味食堂外，更提供了在地人的生活必需品，從日常的蔬果魚肉、結婚嫁娶用的禮品，到祭祀神明的糕點、用具，一應俱全。

走在東市場，攤商叫賣、喊價聲以及街坊鄰居的寒暄問候聲，不絕於耳，活力四射的氛圍形成嘉義

人共同回憶。

但近十年來，隨著汽機車愈來愈普及，東市場並未實施人車分道的管理方式，造成許多人的困擾。不少攤商貪圖便利，直接騎著機車進入市場，在怠速未熄火狀況下，進行上下貨作業，機車排放的廢氣就在市場蔓延，使得市場內烏煙瘴氣，加上市場外鎮南聖神宮與雙忠廟燃燒金紙、點香燭等傳統祭祀行為，更加劇了東市場空氣品質敗壞的現況，往來的路人甚至得掩鼻疾走，才能免受到空氣汙染的荼毒。

從生活中找到問題

緊鄰著東市場的民族國小，許多攤商的孩子們就在此就學，這些「菜市場囡仔」對於東市場的改變相當有感。

林立生分享，孩子們甚至在黃敏惠上任時，遞交親筆寫的願望清單，把他們在學校做踏查時的觀察告訴市長：「市場可不可以不要有摩托車？因為我跟爸爸媽媽去買菜的時候都好臭喔！」

黃敏惠收到孩子的請願書，十分慎重以待，轉交給環保局，環保局便著手擬訂東市場「禁排區」的規劃，逐步改善東市場的空氣汙染。

林立生分享，起初是從一堂社區踏查的課程開始，孩子們發現問題，進一步試著解決問題，立下了

最佳的公民參與示範。而從那次的經驗，讓自治會的幹部和攤販從善如流，反彈聲浪小，因為那是孩子們講出來的聲音，而非市政府的公權力介入。

這次的行動，動起來的不只公部門，還有學校本身。

民族國小責無旁貸的肩負起用課程導入公民責任與行動的教學，引進翻轉教室概念，發展「POSE+A翻轉教學模式」，透過雲端預習（Prepare）、課中操作（Operate）、師生規劃（Summarize）及評量補教（Evaluate）等四個教學步驟，改變學習型態，加入社區行動（Action）元素，引導學生主動、積極解決社區問題。

在實務上，老師先帶著孩子廣泛閱讀，建立孩子對空氣汙染成因及解決方案的專業知識，同時深入認識東市場以及周邊歷史建物、廟宇，了解其文化背景，從學生天天上下課都會經過的生活場域真實問題出發，逐漸凝聚出東市場空氣汙染問題嚴重的共識。

接著老師帶領學生展開有系統的實地踏查，與當地攤商進行訪談，試圖了解不同背景的人對空汙的看法，並著手在重點區域裝設蒐集PM2.5數值的「空氣盒子」進行偵測。

將空氣盒子的測量數據回收後，結合數學與科技領域的教學設計，透過Excel表單進行統計分析、Google小組文件共編並記錄小組討論重點，形成評量與回饋；最後進行師生歸納，討論學校與鄰近東市場的空氣盒子PM2.5數值，是否因為汽機車進入或廟宇燒金紙、焚香有所改變，讓學生聚焦在生活環境問題的覺察。

指導老師林崇光認為，透過大數據的佐證，讓學生對問題更有感覺、更聚焦。

空氣小屋偵測蒐集數據

為了讓蒐集的數據更全面，民族國小也曾經嘗試帶著學生操縱搭載著環境感測儀的空拍機，在東市場上空進行即時環境監測，所得數據與事前定點安裝的空氣盒子交叉比對，找出空汙熱點，以著手進一步擬定具體行動。

三樓資訊教室裡的學生分成數個小組，大家圍著電腦熱烈討論著，有人一邊看著圖示，一邊專注於手上的電線連接不同端點後發生的變化，進一步找出正確的電路連接方式；另一群人則將一片片透明壓克力板組成一棟小屋，內部裝著剛剛連接好的電路板，偵測空氣中的PM2.5數值，小屋外牆上安裝有LED燈飾，會依照偵測到的數據，變換不同顏色與表情，只要空氣品質優良，就顯示為綠色笑臉，反之則為紅色哭臉。

由學生發揮創客精神組裝而成的「空氣小屋」，被放置到東市場入口、主要巷道與廟宇旁的高處，進行偵測，藉由LED顯示的警示符號，提醒路過民眾以及參拜的香客、廟方留意空氣品質變化；並以「大手拉小手」的方式，邀請嘉義大學資工系協助進行大數據分析、建置空氣品質網站，將結果轉化為可視化的應用程式，下載在平板等校內數位資源上，讓孩子可以帶回家跟家人分享、宣導。

學校另一端的教室也很熱鬧，班上幾乎沒有一個學生坐在座位上，大家分組站著，每組桌上都有一個橘色大桶子，有人拿著直尺、有人拿著麥克筆，一邊量測，一邊畫下排列整齊的黑色圓圈，七嘴八舌的討論著，圓圈之間的間距應該多大？兩排之間又應該相隔多寬？

畫好之後，孩子拿起線鋸，依照事先畫好的位置，在桶身上切割出一個一個圓洞，並將HEPA濾網蓋著每一個圓洞，最後在水桶蓋子上方安裝風扇，一個簡易、自製的空氣濾淨桶就完成了。

接下來，孩子們帶著自製的空氣濾淨桶，來到空汙最嚴重的鎮南聖神宮，與廟公開會討論，希望能將空氣濾淨桶放置在香爐旁，為空氣淨化盡一份力。

林崇光說，製作一個空氣濾淨桶看似容易，但其中牽涉到度量衡、圓孔密度與水桶本身結構強度的關聯性、使用工具以及團隊合作的體驗等跨域知識整合；同時，孩子走出教室，帶著自己的成果與廟方交涉，過程則需要勇氣、溝通與推銷的能力，從一步步的投入累積出孩子對社區的關懷。

經過一連串前期行動方案的醞釀後，學生發現拯救空氣品質必須從自己做起。因此，發起一場由小學生領軍的「救空品」公民行動。

小學生領軍，拯救空氣品質

微涼的初秋早晨，週六的採買人潮將東市場擠得水洩不通，一百五十名學生及家長，帶著自製小旗

民族國小帶領孩子製作空氣小屋、簡易空氣濾淨桶，
實際運用於社會中，激發孩子的公民參與意識。

子、宣傳海報與布條，從民族國小正門出發，浩浩蕩蕩的往市場前進，沿著忠孝路來到東市場正門。只見身穿藍領白衣的民族國小六年級學生，精神抖擻的用著童稚嗓音，喊著「自己的空品，自己救」的口號，有人拿著自製海報，跟攤商宣導蒐集到的空氣汙染結果，並發放上頭印有防治空汙 logo 的口罩；攤商與採買民眾見到如此大陣仗隊伍，都忍不住停下腳步與手上的工作，看著這群孩子們，第一次如此認真的呼籲社區大人們共同關注空氣汙染問題。

遊行路線從學校開始，深入市場後，終點來到市場旁的文昌公園，民族小市長帶領研究團隊代表進行「東市場空氣品質監測與分析」成果簡報，由民族國小「最愛演聯盟」戲劇社演出答喙鼓——《你我佇嘉來維護，空氣清新免驚無》，以及環境保護戲劇——《神仙為何下凡來》，利用行動劇，傳達「救空品」的主訴求。

現場靜態展示攤位則有學生自製的「空氣小屋」、「熱力圖解說」及「線上問卷填答」等闖關活動，現場指導民眾在手機上免費安裝「Edi-Green」APP，透過手機立即可以看到市場內當時的 PM 2.5 數值，讓市場內的民眾能在空氣品質不良時，即時戴上口罩，保護自己的身體健康。

成為具備反思能力的未來公民

在這場由學生發起、籌劃的街頭行動中，有孩子蹲下來，用台語提醒賣烤玉米的擺攤阿嬤，要小心

空氣汙染對身體的傷害，並拿出自製口罩輕輕的為阿嬤戴上；還有孩子攔下騎進市場的摩托車，努力向騎士宣導空汙問題的嚴重性，看著孩子們小小而堅定的身影，讓老師與家長們都相當感動。民族國小校長陳文瑜強調，學校希望透過公民參與的經驗，讓孩子們成為「有感」、「有思考」、「有創意」、「有行動」的未來公民。

林崇光也點出，在一系列的課程當中，「反思」是相當重要的一環，代表一個人對事物及意見有追根究柢的精神，能夠獨立思考。因此，在事前討論時，他利用一堂課時間，讓孩子們針對主題，盡情抒發自己的想法。有人極力主張機車不應該騎進市場，但也有學生自家就是在市場內擺攤做生意，深知騎車進入市場可以減去步行搬運貨物的辛苦，並針對這個訴求提出不認同的態度；最終，在老師引導下，深入討論，凝聚共識。

著名的搖滾樂團披頭四主唱約翰．藍儂（John Lennon）曾說，「一個人做的夢，就只能是個夢；一群人懷著同一個夢想，便是真實。」

原本只是幾個孩子經過市場忍不住摀住鼻子的舉動，經過一連串的課程設計發酵，成為週六早上那一場盛大的學生上街遊行活動。他們自製的空氣小屋、空氣濾淨桶，更成為東市場的特殊景色，喚起社區民眾對自身所在環境的空氣品質的重視。下回，民眾要再將機車騎入市場時，孩子們大聲吶喊著「自己的空品，自己救」的畫面，勢必會讓他們改變念頭吧！

融入生活實踐SDGs

SDGs不是大人世界中硬邦邦的宣言與政策，
而是落實在生活中，嘉義市的孩子們每天實踐的日常。

由紅、藍、綠三色地磚綿延出一條繽紛的迎賓大道，在步道盡頭佇立著一棟線條簡約俐落，宛如積木童趣堆疊而成的建築物；潔白外牆上彩繪著粗細不一的黑色線條，以水平及垂直方塊，區隔出紅、黃、藍的三種色塊，取材自荷蘭著名藝術家皮特・蒙德里安（Piet Cornelies Mondrian）最舉世聞名的代表作《紅、黃、藍的構成》。這裡是嘉義市精忠國小的校舍外觀，在遠方藍天白雲的映襯下，與自然平衡且和諧的共存著。

走近校舍，很難不被穿堂一隅吸引，白色宛如畫布的牆面上，用溫潤粉嫩的馬賽克磚拼貼出一棵生命力蓬勃的大樹，樹梢末端則是象徵萬物的各式圖案；站在牆前欣賞時，耳邊不時傳來婉轉的鳥鳴

聲，北回歸線特有的溫暖微風，將一股淡淡的清香傳送到鼻尖，咦？這是什麼香味？轉頭一看，校舍旁低矮圍籬上，爬滿綠色植物，幾朵纖細的白色小花點綴其中，正是香味來源，原來這嬌客是高士佛澤蘭，也是紫斑蝶最愛的花朵。

自然生態就是學習場域

像這樣的「生態圍籬」分布在精忠國小校舍多處，每到紫斑蝶遷徙季節，校園內就可以看到翩翩飛舞、褐色蝶翅上閃耀著紫色金屬光芒的身影，停留在牠們最愛的花朵上盡情吸取花蜜。

精忠國小校長楊勛凱指著精心照顧的生態圍籬說，學校後面原本就有大面積的野地森林與小野溪，之後又在校園內種植大量台灣原生種的食草和樹木，成為適合生物繁衍生長，以及動物與昆蟲遷徙移動的中途休息站，同時也是學生直接接觸自然生態的學習場域，孩子們對自然生態的認識，不再只是從書本想像，而是真的看到活知識。

校內還有經營多年的「科學繪圖社團」，帶著孩子拿起繪圖本與針筆，走讀自然，用達爾文手稿上流傳下來的繪圖方式「點描法」，透過觀察，一點一點依照生物、昆蟲與植物外型精確的描繪下來。有別於拍照，科學繪圖更能聚焦在想要表達的部分，這樣的繪圖歷程，不僅可以幫助學生加強觀察力及詳實記錄能力，還能培養美感與耐心，啟發孩子們對自然的喜愛。

柏拉圖曾說：「最有效的教育，就是讓孩子在美麗的事物當中玩耍。」

當孩子們了解動植物與昆蟲等生物特性，習慣在生活周遭看到牠們時，便會透過好奇與溫柔的眼神觀察，取代害怕與厭惡，拉近人與大自然的距離，進而懂得保護美麗的地球母親，這也正是聯合國永續發展目標（SDGs）最期待達成的目標。這門人與自然永續共好的課程，正是精忠國小希望帶給孩子的禮物。

精忠國小將SDGs定為校本課程，並非只是單純的課程導入，而是從學習環境開始著手，讓自然之母進駐校園的每一個角落，成為孩子最好的老師與教材；從而引導學生如何與自然友善共存，達到永續的目標。

落實在生活中的SDGs課

二〇一五年，聯合國宣布了「2030永續發展目標」（Sustainable Development Goals, SDGs），當中除了保育海洋與陸域生態、減緩氣候變遷等環保議題之外，更有包含消除貧窮、終結飢餓、促進性別平權等十七項SDGs目標，指引全球共同努力、邁向永續。

而精忠國小的SDGs校本課程，也不只把關注眼神聚焦在永續生態上，各種與環境、產業，甚至社區居民相關的議題，也是他們關注與學習的焦點。

精忠國小的生態圍籬，提供孩子接觸自然生態的絕佳場域，同時結合水資源教育，以飲水機廢水用於澆花，為環境永續盡一份力。

精忠國小校長楊勛凱分享，精忠國小位在嘉義縣市交界處，距離市中心較遠，校內弱勢學生比例較其他學校高，因此，在學校附近社區設有「食物銀行」，每天提供即期食品讓鄰近居民有需要時取用，或以保存期限較長的食品提供給全市弱勢家庭、長輩或需要的民眾領取。

從低年級開始，老師會帶著孩子來此了解食物銀行背後運作的原因，以及即期食物和非即期食品的差異與不同的處理發放方式。楊勛凱說，有時剛好遇上發放食物，孩子們親眼看到有需要的人，甚至可能是認識的熟人來領取，體認到世界上有人需要被幫助，也提醒自己平常應該減少食物浪費，回到學校之後，不用老師強調，也會盡力將營養午餐吃光光。而這學期，精忠社區附設食物銀行也在精忠國小成立了，孩子們會捐出家裡可提供的食物放到食物櫃，等累積一定量後再送到社區的食物銀行。

中年級學生則來到東石或布袋海灘進行淨灘活動，孩子親眼目睹被海浪拍打成碎片的塑膠袋，在海面上載浮載沉，在陽光照射下，從上往下看就好像水母一般，理解為什麼海龜與魚類會因為誤食塑膠袋而喪生，進一步思考生活中可以如何減少塑膠的使用。學校旁的便利商店店員就曾經告訴校長，有孩子拿了寶特瓶飲料要結帳，結果經過同學提醒，馬上改成選購利樂包飲料了。

在充滿自然活力的校園內長大，從小累積對環境、生態永續的認識，到了高年級，加入更多社會參與的行動元素，以學生最能夠落實的「水資源」切入，從學校設置在洗手台、廁所等處的回收水站，將水回收再利用於澆灌生態圍籬，或是清潔廁所，展現對環境的一份力量。

二〇二一年，精忠國小舉辦四十四週年校慶時，學校更啟動一場「無塑」園遊會。會場上完全不提

供塑膠袋及吸管，所有參與者必須自備環保容器，五、六百人的大型活動整天下來，只有不到一個家用垃圾袋的垃圾量，讓師生都很振奮。

在精忠國小，沒有一堂課是介紹聯合國永續發展目標十七項核心目標為何，或是讓孩子用紙本作業方式，去「想像」用哪些行動可以達到人與環境的永續發展。而是從校園營造開始，由老師帶著孩子走訪各地，打開五感去體會並愛上自然，進而珍視自然。

而孩子們也早在潛移默化中，透過減少食物浪費、減塑、回收水資源、步行或騎腳踏車上學、生態圍籬等不同方式，落實ＳＤＧｓ中的終結飢餓、保育海洋與陸域生態、減緩氣候變遷等目標，成為未來環境永續行動的中堅份子。

因為珍惜所以懂得呵護

除了精忠國小，嘉義市內多所國中小學，都各自以不同方式，積極回應自然，尋求人與自然共存共榮的相處模式。

譬如阿里山腳下的林森國小，肩負起保育森林的教育使命；港坪國小則是由學生組成「護溪志工隊」，探究破壞溪流生態的福壽螺，透過討論、實際做出捕螺器具，解決生活中的環境問題，進而關心周遭及世界的水域環保議題。

僑平國小以守護北香湖公園棲地為主軸，培養兒童觀察記錄的能力、培訓小小解說員、繪製香湖公園生態圖，一步步引導孩子珍惜周遭環境，達到共好目標。

位於嘉義市郊、一片稻田中的北園國小，兼具市郊與農村風光，教師們規劃一連串參與式的環境教育課程，從種稻開始，進一步成立學生生態行動團隊，實際參與包括水生池營造，探討生物多樣性與外來入侵種的議題；打造雞舍，探討永續食物與消耗議題；建置花園營造校園棲地，以增加生物多樣性等環境保育工作。

孩子們從走進自然開始，在戶外學習的過程中流汗、讓雙手沾滿泥巴、輕捧落葉，染上草的、樹的、泥土的、昆蟲的各時節味道，然後懂得安靜、懂得低頭、懂得小心腳步，並且願意為一片葉子、一隻小蟲、一陣風吹、還有那驚鴻一瞥的吉光片羽停下腳步，用心去感受。

經過時間堆疊累積，成為童年記憶中難以抹去的美麗片段，當成長的過程中，面臨需要／想要、開發／保育、節制／浪擲時，能夠做出更有溫度、更友善與永續的選擇，在照顧自己的同時，也能夠體貼身邊的動植物與環境。

吳帛霓（文雅國小前家長會長）：

公民參與從小做起

當節奏明快、活潑熱鬧又帶點異國風情的樂曲響起，只見舞台上出現一個小小波斯女郎，身著短上衣與寬大、飄逸的長褲，頭上還戴著閃耀珠光的流蘇頭飾，小臉上雖然帶著害羞的微笑，但還是隨著樂曲擺動起舞。

跳到一半，小舞者突然有點忘記舞步，趕緊看著一旁彈奏樂曲的媽媽，在媽媽眼神鼓勵下，再度翩翩起舞。文雅國小前家長會長吳帛霓一邊翻著手機裡的照片，一邊回憶起這段與小女兒共同登台的回憶，臉上滿是笑容。

身為一位執業的牙醫師、家長會長與四個孩子的母親，吳帛霓即使再忙，也都要挪出時間陪伴孩子參與各種有意義的活動。其中，「小小藝人」表演會，就是為了飽受天災與戰亂

侵襲的海地孩子，以及國內身心障礙者而舉辦的募款活動。孩子們各自選擇表演項目，有人彈琴、有人唱歌，也有人合組樂團或舞團參加，募得款項除了用來認養一名海地孩子的一年生活和就學費用，也幫助國內身障弱勢者。

吳帛霓與當時就讀一年級的女兒一起選定舞碼、舞衣，共同練習，最後克服恐懼登台表演，當舞曲終了，看著台下小小觀眾們紛紛站起來，拿著預先購買的彩券，投入舞台前的募款箱中，她笑著說：「真的會很有成就感，這段過程對孩子是一種學習，對大人也是。」

成為具有國際視野的世界公民

當對公民責任、公民參與概念完全陌生的國小學童，去理解行動背後的意義，除了學校老師的引導外，家長的陪伴與支持也是讓他們願意投入的重要推動力。

文雅國小除了強調公民參與，更接軌國際，希望培養孩子成為具有國際視野的世界公民。因此，除了認養海地有需要幫助的兒童外，也曾經以一幅與日本九州小學共作的藝術壁畫，前進日本東京奧運會場展出，並榮獲為「壁畫交流國際特優學校」，全球僅有三間小學獲此殊榮。

這幅長三百六十公分、寬一百五十公分的大型作品，以「地球女神與守護者」為題，由

文雅國小與日本九州市中井小學共同繪製而成，呈現聯合國永續發展目標中的「潔淨的水資源」與「永續城鄉」。所謂的兩地共作，是先在日本完成一半，再運送到嘉義市文雅國小，由學生與家長接力完成後，再寄送回日本展出。為了抓緊時間，親師生們連週六、日都要到學校去趕工。

過程雖然要克服許多時程與運送上的困難，但看著自己的作品在奧運會場展示，大家都獲得滿滿的成就感。吳帛霓分享，孩子們用實際行動參與國際重要活動，更以永續環境議題為出發點，幫助他們打開國際視野，站在世界的角度思考議題，相信未來，他們選擇的寬廣度將比父母親這一輩更加豐富。

第八章

培養孩子們的國際視野

全球化的時代已然來臨，
如何教出以在地文化為基底，與世界交流的未來人才，
是各級教育單位的重責大任。

沐浴在十二月溫暖的冬陽下，樂手們手上長短、大小不一的銅管樂器，隨著嘹亮的樂曲擺動，閃耀著黃澄澄的光芒；緊跟在後的鼓樂隊，敲擊出活力飽滿的節奏，讓人精神為之一振。

在這支漂亮的行進隊伍中，除了有大家很熟悉的建中、北一女樂儀隊，還有國慶典禮才難得一見的三軍官校樂儀隊，嘉義市地主隊的管樂隊伍更是精銳盡出，從幼兒園到高中統統都有。

最吸引眾人目光的，還是來自海外的管樂隊伍，有金髮碧眼的加拿大管樂團、黝黑高大、身穿白衫黑褲的台灣友邦聖露西亞皇家警察樂團，也有同樣來自亞洲的日本、南韓、泰國等地高校樂團，用友善的笑容與音樂，跟兩旁的民眾說：「Hello!」

匯集國內外樂團的盛大遊行隊伍，從嘉義市地標中央噴水池開始，一路以嘉年華會的規格，浩浩蕩蕩前往終點嘉義市立體育場。早早就在封鎖線外排隊等待的民眾，將噴水池圓環圍成一圈又一圈的同心圓，更有人從街邊二樓搶拍最佳畫面。

這是嘉義市一年一度的國際盛會——國際管樂節，每年在聖誕節前夕舉辦。據說，管樂節的踩街活動從來都是陽光普照，從未遇過下雨，看來大家對音樂的熱情把雨神都趕跑了。

如果說每年二月你會想到威尼斯面具節，七月會想去參加法國的亞維儂藝術節或義大利的維若納歌劇節，那麼十二月的嘉義國際管樂節就成為音樂愛好者的必訪行程，嘉義市用音樂與國際接軌，構築起無國界的音樂烏托邦。

而嘉義市政府堅持了二十八年的歲月，精心規劃一場又一場大型音樂盛宴，為的也不只是聚集人

潮、炒熱話題，猶如大拜拜似的熱熱鬧鬧舉辦一場活動而已，其背後的用心與目的，是為了打開市民的國際視野，讓世界看到嘉義，同時也進一步將國際教育落實到生活中。

以在地文化為涵養的國際教育

嘉義市投入國際教育的用心不只如此，更鼓勵年輕學子透過節慶及活動，實踐在日常生活中。

譬如，二〇二二年的母親節前夕，嘉義市大街小巷、知名景點常常可以看到，國中小的學齡孩童，規劃好一日遊嘉義的行程，用或嫻熟或生澀的英文，向媽媽介紹他們認識的家鄉。

「用英文帶著媽媽遊嘉義」是由嘉義市英文資源中心所規劃的跨領域整合國際教育主題活動，以獎金徵選方式，鼓勵國中小學生拍下自己帶著媽媽用英文玩嘉義的影片投稿。

這個活動吸引了許多有創意、敢秀敢表現的孩子參與，不僅可以帶媽媽出去旅行，也藉機讓媽媽驗收一下自己平時學習英文的成果，更棒的是，還有機會拿獎金。

國際教育並非一蹴可幾，而是需要透過堆疊累積，從在地文化涵養出發，搭配語言的運用，同時還得突破心理障礙，這個活動給了學生在真正踏出去與國際交流前，最好的練功機會。

在全球化浪潮推動下，教育部在二〇一一年宣布推動「中小學國際教育白皮書」（以下簡稱國際教育 1.0），希望培養具備國際素養及全球視野的人才。如今，十年的時間過去，國際教育逐漸被雙語

教育所綁架，學習內容偏重於嚮往全球化的「外國語言化」，甚至是「美英語言化」，欠缺了在地本土化思維與國際間交流互動的元素；如此一來，不僅容易步入全球化同質性的侷限，也將缺少立足本土、放眼國際的多元創生可能性。

借鏡他山之石

談起國際教育，不免會提到新加坡，這個飛行航程距離台灣不到四小時的亞洲先進國家，從一九六〇年代起，傾盡全國之力推動雙語國家政策，成績斐然，也成為台灣推動雙語教育的最佳借鏡。

但近幾年，教育學者觀察卻發現，當英語在新加坡社會取得強勢地位時，嚴重壓縮原有的本土母語，包括華語、馬來語及坦米爾語的生存空間，更長遠的衝擊則是本土多元文化的滅絕與佚失。

有鑑於此，教育部在二〇二〇年再推出「中小學國際教育白皮書2.0版」（以下簡稱國際教育2.0），預計以六年十億九千萬元的經費，推動三項策略及十三個行動方案，希望台灣學子將來能具備「彰顯國家價值」、「尊重多元文化與國際理解」、「強化國際移動力」及「善盡全球公民責任」等四大核心素養。

而嘉義市，則在黃敏惠於二〇〇五年首次上任時，就定出「人文第一、科技相佐、精緻創新、國際

視野」的教育綱領四大願景，其中，國際視野成為嘉義學子順利接軌未來的最後一哩路。因此，嘉義市政府快速回應中央政策，率全台之先，成立英語資源中心平台，整合全市英語資源，成為最先推出國際化專案辦公室的縣市。

培養與世界交流的開拓性和勇氣

此外，嘉義市也提出國際教育2.0白皮書，擬定國際教育2.0落地實現的四大目標。

首先，建立組織團隊，從培力人才、行政支援及提供教育資源三大方向並行前進。在精忠國小建置國際教育地方培力團，在林森國小設國際教育行政支援中心，並在宣信國小設國際教育資源中心。

其次，外語師資全面上線，強化雙語教學的力道，全市國小六年級、國中七年級外師全面入班教學，實施沉浸式語言教學，輔以文化理解課程，讓學生學習生活用得上的英語。

最後則是學校國際化認證，希望能營造嘉義市友善國際化的學習環境。此外，鏈結並整合資源，匯聚教育部中小學教育國際化專案辦公室、外交部雲嘉南辦事處、中正大學國際教育中心與在地工商企業界的充沛能量，形成推動國際教育的嘉義市城市隊，讓這座小而美的精緻城市，能借鏡新加坡國際教育的優缺點，以豐富文化為底蘊，養成孩子們的國際視野，以及與世界交流的開拓性和勇氣。

培育關懷國際議題的世界公民

創造需求、看見差異、學習關懷，
從不同的面向與方式，
培養出對世界議題「有感」也願意提出解方的世界公民。

圓滾滾的黑色大眼睛，全身都是軟綿綿的黃棕色絨毛的泰迪熊，一下子陪著小女孩一起烘焙餅乾、一下子又跑到球場上陪著男孩們打籃球，又或是跑到琴房去，陪著孩子們一起練琴，只見他小小的身影跑遍整個校園，也深入每個孩子的日常生活。

這是由國際教育資源網（iEARN 平台）所發起的專案式學習活動之一——泰迪熊計畫。由國際友人協助配對班級，將一個泰迪熊或絨毛玩具，郵寄到另一個國家或地區的學校班級，讓班上每個孩子輪流帶回家一天，一起做自己平常喜歡的事，或是將想介紹給對方認識的地點，拍照並用英文記錄下來，再透過 Email 或卡片和對方班級分享，同時於固定時間交換泰迪熊，讓它乘載回憶到不同的國家

與地區。

除了類似這種靜態的國際交流之外，嘉義市各國中小學生也會透過視訊，與國際學伴互動。

「當你明天就要跟學伴視訊了，那你今天要不要準備一下呢？」宣信國小校長黃金木點出其中關鍵，「學校為孩子創造開口說的『需要』，孩子就能更主動的投入英語學習。」

而這個「需要」，不只侷限於口說或是書寫，僑平國小就發揮創意，邀請外師錄製英語廣播，創造孩子聽力學習的需要。

創造孩子們使用英語的需要

「Good morning, boys and girls! It's time for morning reading. Take a book, open it, and enjoy reading!」（各位小朋友好，現在是快樂的晨讀時間，請大家打開書，一同享受閱讀的樂趣！）

「Good afternoon, everyone! The lunch hour is over. Please get ready for your nap time after you brush your teeth.」（各位小朋友好，午餐時間已經結束，請做完潔牙後，到教室午休。）

當語音清晰、語速適中的英語廣播，與每天再熟悉不過的日常作息連結在一起，耳濡目染下，孩子們不只容易了解各種單字與用法，也慢慢練就一雙敏銳的英文耳。僑平國小為了進一步幫助孩子學習，更將廣播內容製作成海報，張貼在班級，如果孩子們有不懂的地方，也可以透過閱讀幫助理解，

或詢問老師。

為了訓練孩子「能說、敢說、喜歡說」，僑平國小也舉辦英語跳蚤市場，精心準備孩子們喜歡的布偶、文具等小物，讓孩子們「用英文來殺價」。為了用更划算的價格買到自己喜歡的東西，孩子們絞盡腦汁、拋開束縛，用日常生活英語來跟外師討價還價，不僅開心抱回殺價戰利品，學校也將義賣所得全數捐贈給世界展望會。

而文雅國小則連續三年舉辦「雙語運動會」，從運動競賽、典禮儀式都用全英語進行。「只要習慣，雙語就可以是日常，」文雅國小校長沈煥東短短一句話，不難看出嘉義市推動英語教育的強大企圖心，從日常生活點滴到大型活動，不斷創造孩子使用第二外語的需要。

看見文化與生活的差異

「你知道能登半島的小學生學習海洋教育的時候，是直接登上漁船出海捕魚去嗎？」

「你知道金澤的冬季，市區的雪可以下到快兩層樓這麼高嗎？」

「你應該有吃過印度菜吧，但你知道北印度菜跟南印度菜有什麼差別嗎？」

這些問題我們或許回答不出來，但是精忠國小的孩子卻能侃侃而談，而且還是用英語。因為他們透過國際學伴交流與在台外籍生入校分享，揭開了遮住視野的布，開啟對世界的了解，也看到與自身文

泰迪熊計畫讓孩子的世界往國際延伸，不僅可以做文化交流，還能增加使用英語的機會。

化截然不同的差異。

精忠國小校長楊勛凱為了幫助孩子真實理解世界不同國家的真實樣貌，想方設法運用各種機會，讓孩子們透過交流與分享開拓國際視野。

譬如，「非洲」這塊時常聽到，卻又十分模糊的土地，多半學生很難從日常生活中窺探其真實面貌。於是楊勛凱邀請兩位來自西非布吉納法索的外師，以及wowAfrica創辦人盧韋辰，到學校與孩子們分享。

從過程中，孩子們得知，原來非洲並不是每個地方都是飢餓、落後與貧窮，也有充滿活力生機與現代化進步的生活。像是盧安達全境，擁有比日本還乾淨的街道；非洲有十三個國家

全面禁塑；奈及利亞的電影工業僅次於印度寶萊塢，世界排名第二等等，這些都是身在台灣的孩子從一般報導或介紹中，難以窺見的非洲輪廓。

外師也分享從小在布吉納法索鄉下長大的過程。譬如下課後最常做的事情是烤玉米餅、騎在鱷魚身上玩等趣事，讓孩子們聽了驚呼連連。也以「慈善援助在非洲」的議題，與孩子展開深度討論，探討所謂的慈善行動，是否能真正送到有需要的地方？當地人需要的究竟是金錢援助、醫療資源或是教育？會不會養成某些人永遠依賴呢？被視為理所當然的援助，當地人又是如何看待呢？透過深度探討，培養孩子從多元文化理解的角度，進行獨立思考與判斷的能力。

宣信國小校長黃金木認為，光是長相與亞洲人截然不同的外師入班，就能讓孩子感受到彼此的差異。所以，在嘉義市有來自非洲、中南美洲、北美洲等地的外師，也有來自東亞國家的外籍生入班當英語助教，更能豐富孩子親自接觸世界的體驗。

因為了解，學習付出關懷

近年來，聯合國的環境議題聚焦在「生物多樣性」，強調維持生物多樣性便可維持生態系的穩定及平衡。楊勛凱將「生物多樣性」的概念延伸到「文化多樣性」，他認為，讓孩子愈接觸不同面向的文化刺激，愈能培養出開放、包容的心胸，讓他們在未來世界中找到自己的定位。

這一堂課，精忠國小的老師帶著學生，將回收的寶特瓶壓扁，打洞後，穿上塑膠繩，套在腳上，變成一雙「膠樽鞋（寶特瓶鞋）」，大家帶著自己做好的鞋來到操場，有的人走到半路膠繩就斷了，更多人是直呼「腳好痛！」勉強撐著走完一圈，趕緊換回自己舒適的運動鞋。

這不是闖關任務，也不是進行極限挑戰，而是讓孩子們換個生活場景，體會一下非洲貧童們的日常：沒有舒適運動鞋可換，只能穿上膠樽鞋這唯一的選擇，因為不穿鞋赤腳在沙地上走，可能會染上沙蚤病，更麻煩。

宣信國小的孩子，則感受到一個世界不同網速的衝擊。原來是準備跟衣索比亞學伴視訊時才發現，對方為了連上網路，得千里迢迢來到隔壁村的網咖，才有辦法與台灣的學伴在線上相見，卻沒想到這場視訊，因為非洲網路品質不穩定，通話短短幾分鐘又被迫中斷。

從種種親身體驗中，孩子們看到跟自己年紀相仿，不同國籍的其他孩子，有可能生活在資源極度匱乏的環境之中，也因為身為彼此的學習夥伴，他們主動燃起協助意願，舉辦募款表演會，將募得款項用來購買鞋子，或蒐集家中親友的二手電腦，轉贈給遠在非洲的學伴們。

至於有些家境環境並沒有餘裕的孩子，也希望出一份力，因此，當他們得知，非洲的家長往往因為孩子無人照料，只好一起帶著參加職業訓練時，台灣的孩子們就發揮創意，親手繪製可著色的圖案，製作成著色本，寄到非洲，讓年紀小的非洲孩童們在爸媽工作時，可以著色打發時間。

文雅國小則是連續七年參加「為權利寫作專案」，持續透過寫信馬拉松，關心世界各國人權議題與

案例，以行動聲援弱勢，支持那些與人權奮鬥的人們。

二〇二一年，他們關懷的個案是來自瓜地馬拉的貝爾納多．卡爾．索爾（Bernardo Caal Xol），貝爾納多和其他瓜地馬拉中北部的凱克其馬雅族人發現，被他們視為聖河，同時也是瓜地馬拉最長河流之一的卡哈本河流域上游，正在建設兩座水力發電廠，建造工程奪走他們的森林，現在族人們更將失去他們賴以維生的珍貴水資源。貝爾納多和其他凱克其馬雅族人，決定不顧一切起身對抗，貝爾納多的抗議，換來的是多次被毫無根據的指控抹黑。二〇一八年，法官判他入獄服刑超過七年，但卻始終舉不出任何證據。貝爾納多在國際特赦組織奔走下，在日前獲得釋放，讓參與其中的全校師生獲得相當大的鼓舞。

身為全球公民的一份子

在精忠國小校門，除了有交流國家的國旗飄揚之外，還有一座醒目的世界指標，站在指標下，孩子們可以清楚的知道，從目前所在地距離新加坡將近三千公里，距離巴黎、倫敦則將近一萬公里。跟著路牌繞一圈，就宛如繞著地球轉一圈。

這座世界指標矗立在此的原因，就是希望嘉義市的孩子們能立足在地、心懷世界。「心愈大，世界就愈大」，嘉義市政府教育處希望透過多層次、多面向的國際教育，培養孩子敢使用

英語、能使用英語、樂於使用英語，去表達想法、介紹城市的勇氣與習慣，並結合科技載具，進一步產製媒體，將嘉義市行銷到全世界。

而藉由語言學習，理解不同文化的差異，學習理解、包容與尊重，從而認同自身文化特色，建構出多元文化的世界觀。最後，才能主動關懷自己的城市，以及世界共同面臨的問題，體認到自己是全球公民的一份子，從而打開視野，發揮思考力與創意力，透過國際平台交流，與夥伴協作提出可能的解決策略，並採取行動，一同解決世界的問題。

有決心，做就不難

課堂設計、以在地文化為主軸辦活動，
取得教師們的共識，
只要有決心，推廣雙語教育並不難。

London Bridge is falling down

Falling down, falling down

London Bridge is falling down

My fair lady

隨著知名兒歌〈倫敦鐵橋〉輕快的旋律，只見一位金髮碧眼、身高超過一八〇公分的壯漢，努力鑽過小小孩們手拉著手的小洞，要是不小心卡住了，就惹得滿場兒童笑開懷。

隔壁班則在玩「剪刀、石頭、布」，這個你我從小到大經常在玩的小遊戲，在這堂課中可不簡單，

得換成英文來說，為了闖關成功，「Rock, Scissors, Paper」三個單字，孩子們至少重複說了近百次。外籍教師生動活潑的教學，果然成功刺激孩子學習不同語言的興趣。

國際教育路上攜手同行

教育部推動 2030 雙語政策時，外師入班是其中一大重點，有別於其他縣市逐步跟進，嘉義市早在二〇一九年就由市編預算，補助八所國中的一年級，每週都有一堂外師入班上課的機會。隔年，市府再追加預算，往下延伸到國小六年級，市聘外師人數達到十五位，再加上二〇二一年由教育部媒合的沉浸式雙語教學計畫三位外師，目前嘉義市共有十八位外師，皆由教育部於一一〇學年度專責各縣市成立的英語教學資源中心（ETRC）統籌管理。

嘉義市的市聘外籍教師目前需要巡迴十九所國小與八所國中，英資中心希望在二〇二三年巡迴數量降至兩校一外師，讓外師能有專責學校，以便於安排課程、備課與本國教師協作教學。

英資中心主任鄭宛鈺指出：「年紀愈小的孩子，愈能夠接受雙語教學。」因此，嘉義市希望從現有六、七年級每週一堂外師課，慢慢往下延伸，扎根未來，從小學一年級就有國際文化課程，有機會跟外國人對話。

此外，嘉義市腹地雖小，卻有兩間國際英語學院，全嘉義市四、五年級的孩子，每學期造訪國際英

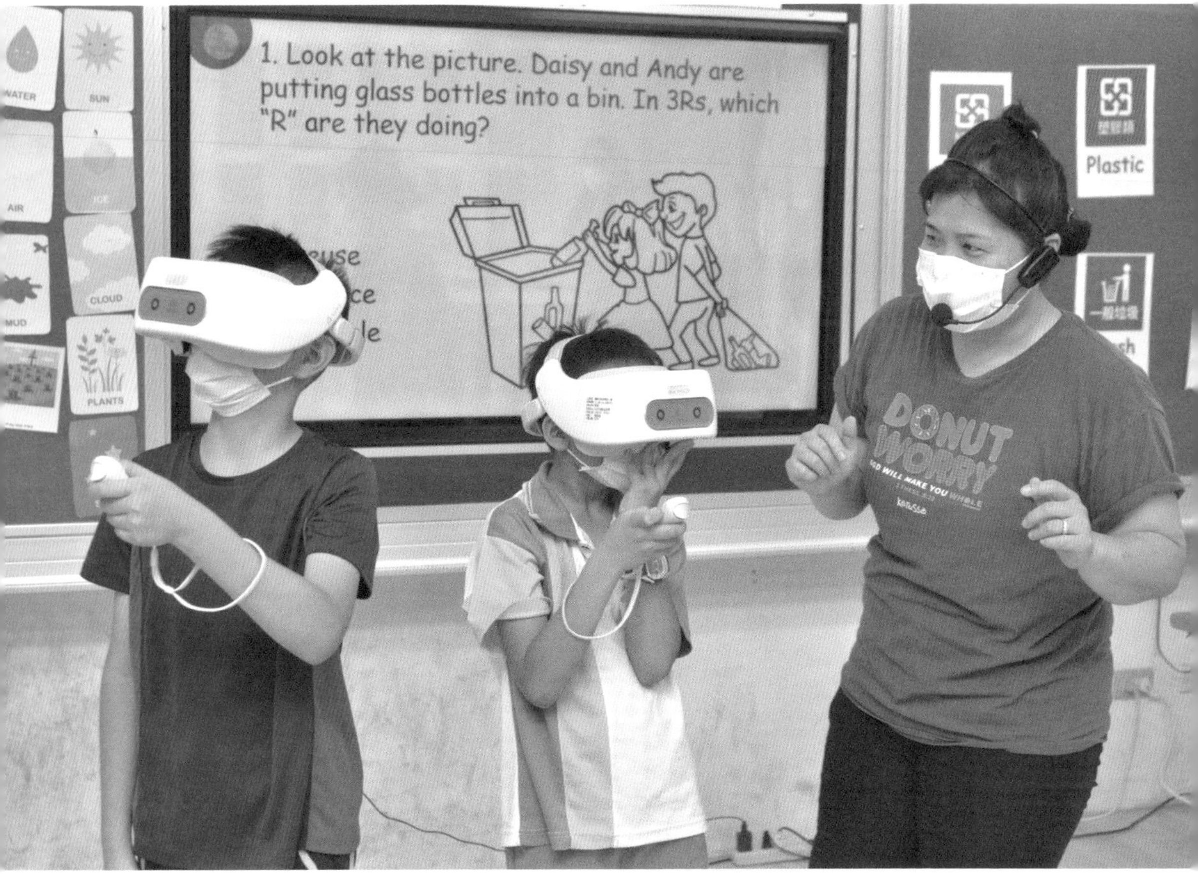

嘉義市的雙語教育結合日常知識、在地文化，培養孩子接軌國際的能力與內涵。

語學院一天，從辦理登機、共讀英語繪本、唱跳英語律動，最後用之前累積的電子點數，到購物中心用英語購物，讓無法負擔出國旅遊的學生，也能在外師的引導下，體驗宛如置身國外的旅遊行程。

同時，選定三所任務學校，包括精忠國小建置國際教育地方培力團，林森國小設國際教育行政支援中心，宣信國小設國際教育資源中心，肩負起課程發展、師資培力及國際教育資源中心等工作。

只要市府看到值得推動的計畫，如果學校端申請不到教育部補助，會由市府籌資補助。因此，截至二〇二一年底，市府投入國際教育經費將近五千萬元，鄭宛鈺強調：「希望引動全嘉義市學校一起在國際教育與雙語教育的路上一起往前走，不要有學校落後。」

愈在地，愈國際

時間來到另一個尋常的上課日，走進嘉義市宣信國小，校園一改平常上課時間的沉靜，穿堂人聲鼎沸的盛況吸引人往前一探究竟，除了孩子的歡聲笑語之外，仔細一聽，裡面更穿插著幾句簡單的英語問答：

「Hello, what would you like to order?」

「Umm.... Hello, I want .... a turkey sandwich.」

孩子們鼓起勇氣，輪流走向金髮碧眼、頭戴高帽的外籍教師所扮的廚師面前，用著稍微生澀、不太

流利的英文語句來點餐。只見台下還沒輪到的孩子，有的口中念念有詞的反覆背誦著點餐要用的單字、有的一臉好奇的盯著外師看；一旁順利闖關拿到火雞肉三明治的孩子，則是滿足的大口品嘗剛到手的戰利品，臉上更寫滿成功跨越障礙後的成就感。

這是宣信國小在感恩節舉辦的英語日課程，學校特別準備了火雞肉三明治，請來外師化身廚師、校長黃金木當起餐車老闆，特製國外快餐車，用別出心裁的情境營造，讓孩子自然而然的學習實用英語對話。

吃完了火雞肉三明治，孩子們轉戰到穿堂旁的草地上，捲起袖子準備要來滾南瓜了。每顆南瓜大小、形狀不一，滾動起來更具有挑戰性，看哪一組最先接力滾完就勝利。孩子們一邊替隊友大聲加油、一邊又因為滾南瓜的趣味感，笑得嘴都合不攏。

此外，還有國外感恩節經典遊戲剝玉米比賽。孩子們在輕鬆歡樂的氛圍中，體驗國外節慶的文化，進一步了解感恩節的由來，同時將所學的英語派上用場。

教育處處長林立生說，嘉義市之所以選定感恩節為全市英語日活動主題，正因為火雞肉是感恩節經典元素，而嘉義市正好就是火雞肉之都，彼此用特色小吃火雞肉完美連結在一起，孩子透過英語學習，培養接軌國際的重要能力，讓嘉義市孩子走出去，也讓世界能走進嘉義市，並透過感恩節活動，孩子學習珍惜現有生活，進一步關懷與感恩身邊的人事物。

「愈在地、愈國際，」嘉義市市長黃敏惠則一語道出結合在地文化，設定英語日主軸的核心理念，

正是符合教育綱領中「國際視野」的高度。唯有從家鄉在地美食、廟宇、藝術與歷史等文化慢慢堆疊累積，孩子才能具備鏈結全球的實質內涵。

陪著老師走過英語教學的路

一開始，嘉義市要推動國際教育及雙語政策，並不如想像中的一帆風順，最大的疑問便是來自教學第一線的教師。

「我們真的要做嗎？」、「為什麼我用國語教不行呢？」對老師們來說，雙語教學意味著他們必須跳出舒適圈，將原有教案增加雙語元素，無疑是一大挑戰與難題。

「老師是教學的靈魂，老師安定了，學生才能跟著安定，」鄭宛鈺說，因此，她當時問了有疑慮的老師一個共同問題：「『你們覺得未來的孩子應該會需要什麼能力才能飛向世界呢？』大家有了共識，走下去才有共同的動力，英資中心就要成為各校與教師推動雙語教學的堅實後盾。」

一場又一場的雙語教學工作坊、英語學習的專家演講、實際教育現場可應用的工具教學，英資中心、英語輔導團與各協辦學校全力支持著嘉義市的教師們，一起成長。

嘉義大學教授暨英語資源中心計畫主持人莊閔惇分享她看到的感動畫面，在一場研討會上，六所學校被指派要分享如何規劃與實踐雙語教學，沒想到，每一間學校代表都是全程用英文報告，莊閔惇

說：「嘉義市學校及老師們勇於接受挑戰，且願意嘗試的冒險精神，令人非常動容。」

最後，在雙語學習的最後一哩路上，嘉義市政府教育處導入資源與科技力，營造更友善的自學環境，除了鼓勵學生使用全國性平台外，也挹注經費與民間業者合作，建置互動式虛擬情境教學平台，使用七百二十度環景拍攝與 AR 等技術，將嘉義市打造成為英語智慧城，只要登入網頁，可以隨選嘉義市各大景點，用英文深度遊覽整個城市。

嘉義市在國際教育上超前部署，也從經驗中歸納出目前國內推動國際教育上的挑戰：首要之務就是讓師資能跟上推動速度。

莊閔惇強調，外師僅能在初期發揮示範作用，但要長期推動雙語教育，師資是一大考驗，如今嘉義市已經有首批受訓合格的雙語教師投入教學現場，未來希望能有更多教師取得雙語教師證照。

其次則是教材，目前使用的教材雖然經過精心挑選，但並非真正符合在地文化與生活習慣，國內依舊缺乏系統化設計、適合台灣在地文化的教材，未來勢必也會成為教學精進的一大重點；最後則是強化情境營造與孩子使用外語的自信。

公益平台文化基金會董事長嚴長壽曾在《教育應該不一樣》一書中提到，「國際觀是一種心態，有能力接觸到國際資訊，還要與世界連貫，才不會只用狹窄的心態看問題，進一步成為具有行動力的世界公民。」嘉義市用雙語教育，給孩子們飛向世界、接軌國際最有力的翅膀。

鄭勝耀（中正大學教育學研究所所長）：

從國際交流中更珍惜自身文化

十年前，學生被問到最討厭的科目時，答案是「數學」；十年後，這個答案恐怕已經被「英語」給取代。中正大學教育學研究所所長、同時也擔任教育部推動 2030 雙語政策的南區中心主任鄭勝耀分享他的觀察：「當我們投入愈多資源，讓孩子愈早開始學習，沒想到，竟是讓他們愈早開始討厭英文。」

問題到底出在哪？

鄭勝耀解釋，語言學習分為三個層次，第一層是文字本身，第二層是文學，第三層則是文化。過去我們的英語教育都是從第一層開始展開，當孩子最具有好奇心與語言學習天賦的時候，卻遇上背單字、文法等單調枯燥的學習內容，宛如當頭澆上一桶冷水，澆熄了孩

子們對英語學習的熱忱。

因此，教育部最新推動的國際教育2.0，就是希望翻轉學習順序，讓孩子從體驗異國生活，與國際學伴或外師互動開始，點燃孩子對不同文化的興趣，進而找到學習的動力。

重新認識自身文化，與國際接軌

在嘉義市，除了有外師入校，鄭勝耀協助嘉義市教育單位，導入中正大學的資源，將教育所外籍學生帶進學校，與學生們一起吃飯、上課，營造出自然而然學習語言的環境。

「嘉義市的孩子真的很幸福！」鄭勝耀有感而發的說，市政府積極投入國際教育，透過國際管樂節的舉辦，為孩子與世界搭起橋梁。「曾經有帶團來嘉義參加管樂節的美國加州教育單位官員告訴我，希望孩子來台參加管樂節期間，可以安排進入嘉義市學校，與同樣愛好棒球的學生來場友誼賽，以球會友，」而嘉義市政府也會安排外國學生前往接待家庭住宿，讓彼此能互動交流，嘉義市的學生們也能藉此得到英語對話的實戰練習體驗。

鄭勝耀更以他輔導南部多個縣市進行國際教育的經驗分享，嘉義市十分願意投入資源在國際教育上，譬如，其他縣市教育單位如果寫計畫申請補助時卡關，計畫可能就會被無限期擱置，但在嘉義市，只要是優質計畫，即使申請未果，市政府都會另籌經費補助，讓計

畫能順利上路，取得實際成效後，未來更容易申請到教育部的補助。

從經費挹注、推動層級與規模，嘉義市展現了推動國際教育的決心，鄭勝耀認為，透過國際教育，能提供孩子更好的機會去重新挖掘與認識自身文化，進而體悟到台灣的美與值得被保護的地方，發揮國際教育真正的價值。

結語

給孩子養分，擁有領導城市未來的能力

今年五月七日，母親節前一天，當你我還在享受週六的悠閒早餐時光時，嘉義市全市的國中小學生、教師、行政人員與市府團隊，早已全體動員，展開線上教學演練，而且是全市所有國中小同時上線，不只針對網路基礎設備流量進行壓力測試，也是考驗教師們在睽違一年後，重返線上教學，準備是否充足。經過事前諸多準備與演練，在五月七日當天，學生們都準時進入線上教室，上課囉！

嘉義市市長黃敏惠也來到興安國小進行隨機入班觀課，她分享：「那天我去看，每一位老師扎扎實實的拿出準備好的教案進行線上教學，還有老師雙機、三機並用，疫情的考驗，讓老師被迫要改變工作模式，除了準備線上教學教案外，還得克服新科技的挑戰，但老師們並沒有因此退卻，每一位都全力以赴，讓我非常感動。」

「面對疫情，我們以謙卑態度超前部署，做足準備，絕不會因疫情讓孩子的學習受到影響，」這是

黃敏惠對全嘉義市孩子與家長的承諾，嘉義市政府教育處團隊也用創新思維，從去年中疫情大爆發後，就更確認未來線上教學不可逆的趨勢，著手引進日本設備，短短三個月成立「創新實驗教室（On Air Studio）」，安裝先進的綠幕背景、互動式白板及專業的錄音錄影設備，提供市內教師前往錄製線上教學影片。

走出困局、迎戰未來的最佳解方

有別於過去教師在教室或在家錄製的教學影片，創新實驗教室所提供的設備，大幅提升影片品質，不同領域的老師都能在這個空間完成更活潑的教案設計，負責建置的嘉義市輔導團專任輔導員楊宗明笑著說：「有老師原本有點抗拒使用新科技，還跟我說：『我只來錄一次喔！』結果，這位老師來了又來，錄了好多集。」

看到老師們努力增能，為孩子的學習付出，黃敏惠驕傲的說：「太平盛世覺得理所當然的事情，在疫情考驗下，反而看見不一樣的教育風景。線上課程愈來愈精采、豐富且多元，教育因為危機，而有了不同的能量和風景，我們一起把危機變成轉機。」

這就是嘉義市面對各種挑戰的 KANO 精神。

嘉義市腹地僅約六十平方公里、總人口數約二十七萬人，地小、人少且遠離政治經濟中心，注定了

嘉義市的發展勢必走得比別人艱辛，黃敏惠坦言，「嘉義市最大的挑戰就是該如何面對城市競爭，」而她也堅信，教育是嘉義市走出困局、迎戰未來的最佳解方。

在黃敏惠眼中，幅員小、人口少，其實是嘉義市獨特的城市優勢，用「共同生活圈」的概念，推動城市共好，長久下來，必能累積甜美的果實。

因此，黃敏惠發揮母雞帶小雞的拚勁，大從遴選校長、科學168活動，小至學校營養午餐試吃、幼兒園畢業典禮，都可以看到她的身影，在每一個不同的教育現場，她也化身成孩子口中那位再熟悉不過的勇媽市長，以「處處是教育，時時是教育」的核心理念與精神，凝聚嘉義人的向心力。

打造最佳實驗場域

氣候變遷危機、全球化浪潮、人與AI共存的種種考驗，在不久的未來等待著我們的下一代；面對未知，大家難免惶恐，但黃敏惠用她身為女性首長的敏銳，與長期從事教育工作的經驗，為嘉義市打造培養「孩子解決問題的能力」的最佳實驗場域。

「譬如二〇二一年，嘉義市積極爭取承辦台灣設計展，也正是為了將設計思維導入城市治理中，」黃敏惠笑著說。設計展，一般給人產業升級再造的觀感，但看在她眼裡，「設計」概念與教育理念不謀而合，都是一種解決問題的思考方式，從設計思維醞釀出創新與改變的能量，也正是教育希望為孩

嘉義市市長黃敏惠強調，唯有靠教育不斷扎根，讓孩子自然而然的長出主導未來的能力，才能帶領城市往更好的方向前進。

子們帶來的理念與價值。

因此，黃敏惠第二次回任嘉義市長時，就決定爭取設計展在嘉義舉辦，把「看到問題、找到問題、共同解決」的設計思維融入城市治理。卻沒想到，真正獲得設計展主辦權時，挑戰才正要開始。

在沒有經費、缺乏人力，加上疫情攪局的狀況下，一度讓嘉義市政府團隊慌了手腳，但黃敏惠沒預料到，「別人最壞的年代，原來正是我們最好的年代，」因為疫情，許多設計界大師無法出國，轉而將目光放在嘉義，開始關注這座城市，讓嘉義市的亮點被全台灣看見，讓她大呼：「我們真的很幸運！」

所謂「教育決定人才，人才決定未來」，黃敏惠強調，藉由各種方式，不斷突破與創新，給予每個孩子發揮潛能的空間，幫助他們找到屬於自己的亮點，唯有靠教育不斷扎根，讓孩子自然而然的長出主導未來的能力，才能帶領城市往更好的方向前進。

嘉義市政府教育處處長林立生指出，教育，是未來城市進步的關鍵指標之一，拚教育也能拚出傲人的經濟實力。

張量科技的球型馬達上太空、台灣霹靂舞隊拿下世界最大極限運動賽事霹靂舞團體冠軍，他們都是來自嘉義市的孩子，正要在世界舞台上發光發熱。

「教育是一股沉默的力量，」教育處處長林立生有感而發的說，孩子們也許現在不會告訴你，也不會展現出來，但經過十幾二十年後，他會從養育他的城市中，汲取積累滿滿的能量，然後在台灣、世界的舞台上盡情揮灑。

嘉義市深耕教育，已經對周圍地區產生磁吸效應，成為雲嘉南地區教育新都心，今年嘉義市國中小共增班十六班，在全台各縣市飽受少子化衝擊下，展現出逆勢中的成長韌性與突圍的應變能力。

林立生指出，教育，是未來城市進步的關鍵指標之一，拚教育也能拚出傲人的經濟實力。科學168、日環食與國際管樂節等指標性活動，除了寓教於樂之外，更扮演了振興地方經濟的角色，據統計，嘉義市的營利事業銷售額逆勢成長，已連續三年創下歷史新高，二〇二一年達到

二五三七億四四九萬三千元；嘉義市不僅還舊債、達成零負債，去年歲計賸餘五億四千萬元。

此外，嘉義市也是全台第一個導入 YouBike 2.0E 電力輔助自行車的縣市，微笑單車董事長劉麗珠觀察，YouBike 2.0 進駐嘉義市即將滿一年，市民展現高度水準，創下零失竊率紀錄，「有借有還、不會亂來」令人放心也願意投入更多。

人文素養教育成就城市根基

「這就是我們人文素養教育打下的根基，嘉義市最美的就是人，因著每一位具有高度素養的市民，而成就了這座城市，」黃敏惠既驕傲又感動的說，這正是教育看不到的能量。

回想起第一屆任期時，編了高預算來推動教育發展，黃敏惠說，現在想想真是值得：「我可以驕傲的說，當時的選擇是對的。我們不是平白無故放資源而已，而是給方向、給對的人，不斷凝聚在一起，一棒一棒把教育帶起來。只要教育的方向對了，就算推動教育，連帶也能拚經濟。」

黃敏惠語重心長的表示：「世界變化真的很快，希望孩子們要記住，態度很重要，解決問題的過程中，要有堅持到底的態度和不怕失敗的 KANO 精神，就能一起努力讓這個社會變得更好，放心去做自己，只要在正派善良的能量中，努力做好該做的事，無論是父母或師長，我們相信你可以做得到！」

教育教養 BEP072

教出影響未來的孩子

幸福嘉義市教育核心素養

作者 —— 朱乙真、陳書孜

國家圖書館出版品預行編目(CIP)資料

教出影響未來的孩子：幸福嘉義市教育核心素養 / 朱乙真, 陳書孜著. -- 第一版. -- 臺北市：遠見天下文化出版股份有限公司, 2022.09
面； 公分. -- (教育教養；BEP072)
ISBN 978-986-525-752-1(平裝)

1.CST: 國民教育 2.CST: 教育政策 3.CST: 嘉義市
526.8 111012503

企劃出版部總編輯 —— 李桂芬
主編 —— 羅德禎
責任編輯 —— 劉瑋、巫芷紜（特約）
美術設計 —— 劉雅文（特約）
圖片提供 —— 嘉義市政府教育處（P25、43、96 下、131、144、184、189）、黃鼎翔（P28、35、38、46、56、61、66、82、84、88、92、96 上、115、116、125、152、157、163、172、177、198、205、211、227、234、246）、賴永祥（P245）
校對 —— 魏秋綢（特約）

出版者 —— 遠見天下文化出版股份有限公司
創辦人 —— 高希均、王力行
遠見・天下文化 事業群董事長 —— 高希均
事業群發行人／CEO —— 王力行
天下文化社長 —— 林天來
天下文化總經理 —— 林芳燕
國際事務開發部兼版權中心總監 —— 潘欣
法律顧問 —— 理律法律事務所陳長文律師
著作權顧問 —— 魏啟翔律師
地址 —— 台北市 104 松江路 93 巷 1 號
讀者服務專線 —— (02) 2662-0012 ｜傳真 —— (02) 2662-0007；(02) 2662-0009
電子郵件信箱 —— cwpc@cwgv.com.tw
直接郵撥帳號 —— 1326703-6 號　遠見天下文化出版股份有限公司

製版廠 —— 東豪印刷事業有限公司
印刷廠 —— 立龍藝術印刷股份有限公司
裝訂廠 —— 聿成裝訂股份有限公司
登記證 —— 局版台業字第 2517 號
總經銷 —— 大和書報圖書股份有限公司／電話 — (02) 8990-2588
出版日期 —— 2022 年 9 月 15 日第一版第 1 次印行
2022 年 12 月 23 日第一版第 2 次印行

定價 —— NT450 元
ISBN —— 978-986-525-752-1
EISBN —— 9789865257705（EPUB）；9789865257712（PDF）
書號 —— BEP072
天下文化官網 —— bookzone.cwgv.com.tw

天下文化
BELIEVE IN READING

天下文化
BELIEVE IN READING